Anekdoten über Thomas Mann

Er konnte ja sehr drollig sein

Anekdoten über *Thomas Mann*

Gesucht und gefunden
von Renate Hoffmann

EULENSPIEGEL VERLAG

»Man sieht, wie es die Leute
nach Erheiterung verlangt.«

Thomas Mann

Wer nennt sie? Wer kennt sie? Zählt sie? Seine Taufnamen lauteten: Paul, Thomas. Scherz, Neckerei, Zuneigung, Abneigung, kuriose Anlässe und die Lust am Verballhornen der Sprache schufen immer neue hinzu. Paul Thomas Mann variierte sie selbst auch vergnüglich. Im elterlichen Hause, bei Senators, hieß er »Dichter Thos« – sein literarisches Talent drängte beizeiten ans Licht –, Mutter Julia Mann nannte ihn zärtlich ihren »alten Peter«, und für den jüngsten Bruder Viktor war er »Onkel Ommo«. »Tommy« und »Tom«, als Abwandlung seines Vornamens, lagen ohnehin nahe und gehören nicht zu den herausragenden Einfällen. Anders schon stehen die Dinge bei »Pielein« (vielleicht von »Papilein« hergedacht) und »Tobbilein«. Man bemerkt, Thomas Mann fielen inzwischen Vaterfreuden zu. Der Nachwuchs springt mit seinem Namen um, hüllt ihn in kindliches Geplapper. Katharina, geborene Pringsheim, genannt Katia, erfindet für Tommy, ihren Ehemann, eine sprachlich wie psychologisch famos ausgeklügelte Benennung: »Reh«, beziehungsweise »rehartiges Gebilde von großer Sänfte«. Der Namenskreis erweitert sich beständig: »Papale, Herr Papale, Zauberer« oder »Herr Zauberer« oder »Herr Zauberle«. Bei Ungehorsam mit anschließender Schelte nannten ihn die Kinder, wohlweislich hinter seinem Rücken: »Der Alte«. In »Tonio« erkennt man richtig eine der von Thomas Mann erschaffenen dichterischen Gestalten. Mit dem Älterwerden erhält der Namensschatz noch die Zugänge: »Opapa« und »Opapale«. Die aus dem Sammelsurium abgeleiteten Kürzel unter Schriftstücken: T., P., Z., H.P. und T.M. lassen sich nun leicht aufklären. Achtung: »P.« kann sowohl »Papa«, »Papale« wie auch »Pielein« bedeuten. Und grundsätzlich wird »H.P.« als Neutrum behandelt; *das* Herrpapale.

Gleichsinnig entfallen auf Katia Mann – die kluge, vielwissende, umsichtige, fürsorgliche, humorvolle Ehefrau – die Benennungen: »Kleine Gelehrte« (sie war klein von Gestalt), »Mielein, Element der Süßigkeit, Fraumamale« und weitere.

Es folgte die füllhornartige Ausschüttung von Neck-, Kose- und Beinamen über Kinder, Verwandte, Freunde und Freundesfreunde. »Knappi« stand für den Dirigenten Hans Knappertsbusch; »Kuzi« für den Münchner Generalmusikdirektor Bruno Walter. Der Schriftsteller Bruno Frank und seine Frau hießen »Die Fränkchens«. Die »beiden Brunos« wiederum faßte man in der »Schar der Brunonen« zusammen. Selbst unbelebte Gegenstände und Objekte, zum Exempel Wohnsitze, erhielten ihre Umtaufe. Die Welt der gefälligen Pseudonyme gedieh prächtig.

Spiele

Je weiter man sich von ihr entfernt – oder sie sich von uns, desto hartnäckiger behauptet die Zeit der Kindheit ihren Winkel im Gedächtnis. Das kleine Weltbild, erbaut nach seinen nie mehr wiederkehrenden architektonischen Regeln. Thomas Mann, der in seinem Leben nichts anderes getan haben will als »zu träumen, Dichterbücher zu lesen und selbst dergleichen herzustellen«, erinnert sich warmen Herzens. Nicht nur an die Gegenstände, die ihn umgaben, auch an die Empfindungen, die sich daran knüpften.

Da war der Kaufmannsladen mit Verkaufstisch und Waage, in dem man hantieren konnte, und der viele Schubfächer mit Waren (sprich Zuckerwaren) besaß, die sich, nach Verschwinden des Inhaltes, auf geheimnisvolle Weise wieder füllten.

Von der jungengemäßen Ausstattung, die man Tommy schenkte, hielt er nicht viel. Nun ja, die Ritterrüstung samt Helm, Schild und Lanze aus eisenfarbener Pappe, sie trug durchaus den Nimbus des Heldenhaften. Und die »Bleisoldaten«, mit denen man die Schlacht bei Waterloo hätte nachstellen können oder den traurigen Rückzug der Franzosen über die Beresina. Berittene Bleikerle waren darunter, die sogar vom Roß absitzen konnten.

Der Schneider in Lübeck maß ihm eine »vorschriftsmäßige, blaue Husarenuniform« an. Sicherlich stand sie dem Knaben gut zu Gesicht. Aber seine Passion war sie nicht. Die galt dem Schaukelpferd »Achill«. Und Hunden! Er scharte sie um sich, die aus den verschiedensten Materialien gefertigten Dackel, Möpse, Jagdhunde, und schmückte sie mit schillernden Stoffresten.

Vom Puppentheater, dem Tummelplatz grenzenloser Phantasie, glaubte Thomas, sich auch in fernen Tagen des ungewissen Erwachsenendaseins nicht trennen zu können. Bis Bruder Heinrich ihn darauf hinwies, wie komisch es sei, wenn er als Mann mit tiefer Stimme immer noch vor dem Puppentheater hocke.

Nicht jedes Buch der elterlichen Bibliothek durften die Kinder lesen. Zur erlaubten Lektüre gehörte Toms Lieblingsbuch. Auf dem Umschlag thronte die stolze schildtragende Pallas Athene, und drinnen lockten Geschichten aus Homers und Vergils Werken. Eine Auswahl der aufregendsten Abenteuer des klassischen Altertums. Dieses Buch triumphierte über alle Indianergeschichten. »Dichter Thos« nahm's als Anleitung zum Handeln und erdachte die »Götterspiele«. Für die Umwelt nicht immer ungefährliche Aktionen. Warf er sich in die Rolle des Achilleus, so hatte eine der Schwestern den toten Hektor zu übernehmen (den *toten* Hektor, wohlbemerkt), den Thomas-Achill um das Grab des Patroklos schleifte. Dreimal! Wie Homer es in der Ilias beschrieb. Klassische Ordnung mußte schließlich sein! Tommy erstieg den Olymp – ein rotes Lacktischchen, hoffentlich von stabiler Machart – und ward dort zum Göttervater Zeus. Von seiner Götterburg wehrte er den Titanen und »blitzte« mit einer glöckchenbesetzten Pferdeleine ihre Angriffe ab. Bestieg sodann den geflügelten Pegasos und ließ sich auf seinen Schwingen davontragen.

Onkel Ommo gibt den Nikolaus

In der Familie Mann, den Senator Manns, lagen zwischen den Ältesten, Heinrich und Thomas, und dem Jüngsten, Viktor, bald zwei Jahrzehnte Altersunterschied. Aus der Sicht des Kleinen waren die beiden Großen »Onkels«. Die »Onkels Heini und Ommo«. Den Ommo hielt man für geeignet, Viko, dem Kleinen, als heiliger Nikolaus zu erscheinen. Es begab sich die übliche Geschichte.

Ommo, bärtig und hübsch weihnachtsmännisch verkleidet, trat ein und spielte die Rolle des frierenden, aber munteren Alten aus dem Walde. Dieser Heilige schien ein komischer Heiliger zu sein, denn alle brachen in Gelächter aus. Schwester Julia, halb erstickt vor Lachen, versuchte noch den Heiligenschein zu retten: »Aber Tommy!!« Vergebens. Die Gloriole war erloschen. Onkel Ommo fand nur unter großer Anstrengung zur eigentlichen Aufgabe zurück: »Wo ist denn nun der Junge?« Der »Junge« trat vor. Längst hatte er den Zauber durchschaut (der heilige Nikolaus ist doch keine Witzfigur!), spielte aber, seinem Onkel Ommo zuliebe, das Spiel noch einmal mit. Illusion löste sich in Heiterkeit – eine glückliche Variante der Aufklärung.

Das Telegramm

Frau Senator Julia Mann, geborene da Silva Bruns, war besorgt um ihre fünf Kinder. Nach Herrn Senators Tod, 1891, oblag ihr die Verantwortung allein, zumindest für die jüngeren. Die Wintermonate beunruhigten die Mama besonders. Sie befürchtete, die Kinder könnten auf vereisten Straßen und Plätzen ausrutschen, »hinschlagen«, auf den Hinterkopf fallen, und das habe unwiderruflich eine Gehirnerschütterung zur Folge.

Als Heinrich und Thomas – Heini und Ommo – sich in Italien tummelten, nutzten sie schamlos die Angst ihrer Mutter aus. In Geldnöte geraten, sandten sie aus Rom (wo zu dieser Zeit kaum mit Glatteis zu rechnen war) an Julia Mann ein Telegramm: »gräßlich auf den hinterkopf geschlagen erbitten tausend ...« Nach anderer Quelle sollen es »einhundert mark« gewesen sein. Das ist unbedeutend. Natürlich durchschaute die Mama den herrlichen Kokolores, amüsierte sich und half ihren »beiden Großen« aus der Klemme.

Dichtwerke der Gebrüder Mann

I. Zu nennen wäre als erstes ein gemeinsames Frühwerk, dramatischer Natur, welches Heinrich und Thomas Mann für ihren Bruder Viktor und dessen Marionetten-Theater schufen. Es war ein Schauspiel mit moralisierendem Grundton, abartigen, doch auch erhebenden Momenten. »Katharina Puckmichnich oder die Guzeln« geheißen. Leider gilt das Werk als verschollen.

II. Von ungleich höherer Bedeutung erscheint uns das »Bilderbuch für artige Kinder«. Die Brüder gestalteten es während ihres Italienaufenthaltes (1896 bis 1898) für die jüngeren Geschwister Carla und

Viktor. Bei diesem Werk handelt es sich um einen Höhepunkt im Schaffen der Gebrüder M. und M. Denn das genannte Buch vereint Literatur und bildende Kunst. Einige Glanzlichter seien herausgegriffen.

DER INHALT. »Fünfundvierzig Kunstwerke von Meisterhand, worunter achtundzwanzig kolorierte Bilder, ... nebst sechzehn begleitenden Kunstgedichten und vielen Textbemerkungen, ... mit Sorgfalt und unter besonderer Berücksichtigung des sittlichen Gedankens für die heranreifende deutsche Jugend gesammelt und herausgegeben.« Der Länge des Satzes nach darf man Tommy als Urheber dieser Darstellung vermuten.

DER HERAUSGEBER. »Oberlehrer Doktor Hugo Giese-Widerlich«. Mit Porträt. (Nach der Beschreibung Viktors das Schreck- und Zerrbild eines Paukers.)

DIE BALLADE. »Raubmörder Bittenfeld vom Sonnenuntergang überwältigt.« Mit Gemälde. (»wildfarbige Sonne«; der Mörder; ein blutiges Messer.) Begleittext: »Schorke! Kam auch dir die Stunde jetzt, / da dein Blick sich am Erhabnen letzt, / eine Träne deine harte Wange netzt / und das gramzerfressene Gerippe ätzt. / ... Eine Laus, ein Wurm nur stehst du da, / Seelen fordert Philadelphia!«

DIE SALONSZENE. (Angeblich einem bedeutenden französischen Roman entnommen.) Im Boudoir macht ein Paar Konversation: »›Gehen Sie sich fort, schmutziges Tier‹, sagte sie ihm. Er verbeugte sich ...

mit einem Blick, welcher sie rot sehen machte. Er sagte ihr: ›Adieu, meine Freundin!‹« Und entschwand.

Zur großen Betrübnis ging die literarisch-bebilderte Kostbarkeit in den Wirren der nationalsozialistischen Zeit verloren. Viktor Mann versuchte in seinem Buch *Wir waren fünf* eine Rekonstruktion aus der Erinnerung.

III. Gebrüder Mann & CO. Viktor greift in die literarische Tätigkeit seiner berühmten Geschwister ein. Thomas, mit den *Buddenbrooks* beschäftigt, fragt (soll gefragt haben!) den Bruder nach einem Kraftausdruck für folgende Szene: Der angetrunkene Ehemann, Münchner, wird von seiner Frau mit dem Dienstmädchen in flagranti überrascht. Wie äußert er sich, verärgert über das Hinzutreten seiner Gemahlin? Viktor: »Geh zum Deifi, Sauluada, dreckats!« Der Ausdruck fällt tatsächlich in Thomas Manns Roman – zwischen Herrn Permaneder und Tony Buddenbrook.

Ähnliche Unterstützung hätte er auch seinem Bruder Heinrich auf Befragen hin gewährt.

Als die beiden großen Literaten Viktors Erinnerungsbuch lasen, staunten sie. An derartige Ratschläge konnten sie sich nicht erinnern. Heinrich sagte: »Das muß ihm wohl so vorgeschwebt haben.« Auch Thomas fand es eigenartig und mahnte vorbeugend: »Die Literaturhistorie sollte nicht unbedingt darauf bauen.«

Schlechte Noten

Katia Mann sagt es unverbrämt: Weiter als bis zum Einjährigen (Mittlere Reife) habe es ihr Ehemann bekanntlich nicht gebracht. Er selber gesteht, daß der Klassenlehrer einmal in ein Zeugnis von ihm geschrieben hätte: Er »beschäftigt sich zu wenig mit dem, was für die Schule nötig tut.«

Klaus Mann sieht die schulischen Leistungen seines Vaters ebenfalls kritisch, Onkel Heinrich gleich mit inbegriffen, und gibt ein Pauschalurteil ab: »Mit den beiden Jungen war nicht viel Staat zu machen.« In der Schule – aufsässig und faul, im Sport – »komplette Versager«. Die Brüder befaßten sich mit Literatur, so würde in Lübeck abfällig geredet. Den Großvater, Senator Thomas Johann Heinrich Mann, hätte man dieserhalb nur bedauern können.

Thomas mußte mehrere Klassen wiederholen und erreichte den schulischen Abschluß nur mühsam – das entspricht Katias Formulierung von: bekanntlich-nicht-weiter-gebracht. Vernichtend jedoch fällt die Äußerung des ehemaligen Deutschlehrers aus: »Das soll ein bedeutender Schriftsteller sein? Er hat nie einen ordentlichen Aufsatz schreiben können!« Da staunt man doch, wie Thomas sich gemausert hat.

Plattfuß, rechts

Im Juni 1900 greift die »Ober-Ersatz-Commission« in München nach Thomas. Aufruf zur Musterung. Man befindet ihn als »tauglich für alle Waffengattungen«. Daraus folgt, daß er am 1. Oktober »zum

Entsetzen aller Feinde des Vaterlandes« den Wehrdienst antreten wird. Er betrachtet die Angelegenheit durchaus positiv. Es sei ihm nämlich bewußt, daß es ohne ihn um die deutsche Armee schlecht bestellt wäre. Andererseits beunruhigen ihn mögliche Konsequenzen. Deshalb warnt er einen Freund, beim nächsten Besuch nicht überrascht zu sein, wenn er einen »vertierten Söldling« vorfände. Darunter habe man sich einen Menschen vorzustellen, der beim nächsten Familienfest »Silberzeug stiehlt, sich unmäßig betrinkt, wiederholt auf den Fußboden spuckt und sich überhaupt stilvoll als Landsknecht benimmt«.

Der Herbst rückt heran, und der Jüngling Mann rückt ein. Zum »Kgl.-Bayerischen-Infanterie-Leibregiment«, kurz, zu den »Lèibern« in der Türken-Kaserne. Man ahnt schon, daß es nicht gutgehen kann. Sein rechter Fuß erweist sich als ungeeignet für den Parademarsch! Mehrere Lazarettaufenthalte – halb berechtigt, halb nachgeholfen, machen das Übel brisant.

Die Hilfe kommt von der Mama. Sie stellt die Verbindung zu den »ärztlichen Machthabern« her. Der Hausarzt, Hofrat X, untersucht und gewinnt den Eindruck, daß mit diesem Rekrutenfuß kein Dienst zumachen ist. Hofrat X kennt den Oberstabsarzt Y und ist darüberhinaus mit Thomas' Hauptmann Z befreundet. Die Fäden sind geknüpft. Der Entlassungsbrief folgt.

Der wiedergeborene Zivilist kennt natürlich seinen Schiller und weiß ihn gewandt einzusetzen: »›Es ist der Geist, der sich den Körper baut‹, müßte ja ein dummer Unsinn sein, wenn mein Körper für den Militärdienst geeignet wäre.«

Das Manuskript

Der Herausgabe der *Buddenbrooks* ging eine aufregende Geschichte voraus. Bekanntermaßen schrieb Thomas Mann seine Manuskripte ausschließlich mit der Hand. In den frühen Jahren sandte er sie sogar in dieser Form an Redaktionen und Verlage. Doch bei den *Buddenbrooks*, der bisher wichtigsten Niederschrift, kamen ihm Bedenken. Nicht etwa, daß er den Roman in Maschinenschrift übertragen ließ, keineswegs; er beabsichtigte, ihn für den Posttransport hoch versichern zu lassen. Sorgfältig verpackte er das Bündel der zweiseitig beschriebenen Blätter, drückte ein Siegel darauf und adressierte es an den Verleger Samuel Fischer. Auf dem Postamt erklärte er, das Paket bedürfe einer Versicherung. »Was ist denn drin?« »Ein Manuskript.« ... ? ... »Aha!« Abschätzender Blick auf den Versandgegenstand. »Wie hoch?« – »Tausend Mark!« Schweigen. Es läßt sich denken, was in der Postangestelltenseele vorging: Ein Manu – was? im Wert von tausend Mark? ... »Alsdann!«

Die handgeschriebenen *Buddenbrooks* werden auf den Weg gebracht. Die erwartete Nachricht von S. Fischer bleibt aus. Thomas Mann, von Selbstzweifeln gequält, beschließt, wenn das Buch niemand haben will, dann werde er Bankbeamter. Noch rechtzeitig vor Ausführung dieses Gedankens trifft Fischers Zusage ein. Sie hebt ihn aus den Molltönen in jubelndes Dur. Das Buch solle ungekürzt und in drei Bänden erscheinen. Dem Bruder Heinrich teilt er mit: »Ich werde mich photographieren lassen, die Rechte in der Frackweste und die Linke auf die drei Bände gestützt; dann kann ich eigentlich getrost in die Grube fahren.«

Hudelei mit klugen Frauen

Im schönen Monat Mai des Jahres 1901 wohnte Tommy in Florenz. In der Via Cavour II, zwei Treppen. Sein Befinden war so La-La. Die Lire schwanden dahin. Sein Gemüt verdüsterte sich, stundenweise. Zwei Lichtblicke, respektive zwei englische Damen fielen in die Düsternis. Miss Edith und Miss Mary. Sie waren, wie der durchreisende Autor, Pensionsgäste in der Casa. Er suchte ihre Bekanntschaft.

Mary, oh Mary – sie besonders erfreute und verzauberte ihn ein wenig. Gemeinsam feierten sie ihren Geburtstag. Thomas überreichte Mary ein Körbchen mit Zuckerfrüchten. Zu den Süßigkeiten gesellten sich Zärtlichkeiten ... Doch – es hat nicht sollen sein. Die Tändelei ging wieder ein. »Ich glaube, ich werde ihr zu melancholisch«, mutmaßte der junge Herr. Er resümierte: »She ist very clever, und ich bin so dumm, immer die zu lieben, die clever sind, obgleich ich doch auf die Dauer nicht mitkann.«

Nur Mut, alles ist im Flusse!

Meinungswandel

Man weiß es. Mit seiner Heimatstadt Lübeck lag der Dichter in Fehde. Und sie mit ihm. Nach Erscheinen der *Buddenbrooks* schlugen die Wellen hoch. Die Lübecker fühlten sich getroffen und hatten für ihn nur noch Verachtung. Ein Bürger, so erzählt Thomas Mann verschmitzt, den man nach ihm befragt hätte, solle lakonisch geantwortet haben (vielleicht sogar begleitet von einer wegwerfenden Handbewegung): »Ach, nach dem ist auch nichts gekommen, der is auch man so in München.«

Dann aber gewann Thomas zunehmend in der literarischen Welt an Rang und Namen. Das blieb selbst in Lübeck nicht verborgen. Die Öffentliche Meinung änderte sich. Als die Sprache wieder einmal auf ihn kam, da klang es von der vox populi begeistert: »Ne, alles was recht ist, Tommy ist ein Genie!«

Sehr spät, aber immerhin noch rechtzeitig, beendete Lübeck die Fehde und verlieh dem stadteigenen »Genie« 1955 die Ehrenbürgerschaft.

Vergeßlichkeit

Im Juli 1902 bleibt Thomas Mann für einige Zeit als Gast in der Familie von Kurt Martens. Er fühlt sich dem Schriftsteller und Redakteur der »Münchner Neuesten Nachrichten« freundschaftlich verbunden. Der Sommer verwöhnt Körper, Geist und Seele. Ausgeglichenes Wetter, laue Luft, friedliche Tage. Dennoch muß irgend etwas in ihm knispeln, das ihn schusselig macht. Er reist ab und vergißt die Hälfte seiner Habe bei Martens' im Gästezimmer: »Ein Nachthemd, ein Paar abgenützte Pantoffeln und eine Flasche Mundwasser.« Man solle ihm die Utensilien nur ja nicht nachschicken, er sei an solche Verluste gewöhnt. Derlei geschehe ihm öfter.

Man macht sich so seine Gedanken über den Grund der Schusseligkeit. Und erhält im Dankesbrief an Kurt Martens einen Fingerzeit. Tommy kritzelte Noten zwischen die Zeilen: E-D-C-C. Und schrieb darunter: »fänd er ein Weib ...« Dieser Singsang aus dem *Fliegenden Holländer* seines Halbgottes Richard Wagner erklärt manches.

Worauf es ankommt

Einen Freund gemeinsamer Münchner Tage, den malenden Musikus und musizierenden Maler Paul Ehrenberg, bedichtet Tommy. Er mag Paul. Mag ihn sehr. Deshalb denkt er sich für ihn einen gereimten Herzenserguß aus. Von den größten Reimern einer ist er nicht, doch ehrlich und aufrichtig und Paul zugetan. Tommy beschönigt nichts und dichtet drauflos: »Hier ist ein Mensch, höchst mangelhaft: / Voll groß und kleiner Leidenschaft, / Ehrgeizig, eitel, liebegierig, / Verletzlich, eifersüchtig, schwierig, ... Naiv und fünf mal durchgesiebt, / Weltflüchtig und doch weltverliebt, / Sehnsüchtig, schwach, ein Rohr im Wind, / Halb seherisch, halb blöd und blind ...«

Mit gewissem seherischen Unbehagen sendet Tommy seinem Freund die »artigen Verslein«. Wahrscheinlich sind sie schlecht, meint er, oder nicht besonders gut geraten. Aber sie sind wohlgemeint und mit herzlichen Gefühlen aufs Papier gebracht. »Und auf das Herz, *da* kömmt es auf an!«

Moritat vom Schuß in der Trambahn

An Fräulein Hilde Distel, einer Jugendfreundin seiner Schwester Julia und Sängerin in Dresden, schreibt Thomas Mann einen sehr langen Brief. Der Brief wird deshalb so lang, weil er einen Wunsch an das Fräulein hat und nicht recht weiß, wie er sein Anliegen vortragen soll. Zuerst erwägt er, die Dresdner Hofoper zu besuchen – selbstverständlich auch Hilde. Dann lädt er sie nach München ein. Er sei jetzt auch umgänglicher und nicht mehr so melancholisch. Als nächstes gratuliert er ihr zum Geburtstag und überreicht ein Exemplar der *Buddenbrooks* (gefällige Widmung inliegend). Weist jedoch darauf hin, daß sie den Roman beileibe nicht lesen müsse, denn der erste Band sei langweilig und der zweite ungesund.

Genug antichambriert! Zur Sache.

Da wäre vor kurzem eine Skandalgeschichte durch die Presse gegangen. Betreffend die unglückliche Liebe zwischen einem jungen Musiker und einer Dame der Gellschaft. Eines Abends habe dieses Verhältnis in einem Trambahnwagen sein trauriges Ende gefunden. Fräulein Hilde hätte doch die

Toten, als sie noch lebten, persönlich gekannt. Er bittet sie nun, ihm darüber in aller Ausführlichkeit (»von ihren Uranfängen bis zu dem Schluß- und Knalleffekt«) zu berichten. Mit allen Details! Diesbezüglich legt ihr Thomas Mann gleich an die zwanzig Fragen vor. Sie scheint sie beantwortet zu haben.

Vierundvierzig Jahre danach schreibt Thomas Mann an seine Tochter Erika (26. Oktober 1946): »Gerade hat die unselige Ines den armen Rudi in der Trambahn totgeschossen, womit der vorletzte Teil unseres ... Büchleins (*Doktor Faustus*) abgeschlossen ist.«

Die Ausführung der Tat wird im Kapitel XLII des genannten Romans in allen Einzelheiten geschildert. Der Schuß erstreckt sich über mehr als vier Seiten. Dem pflichtgetreuen Fräulein Hilde sei Dank.

Geschenke

E r ist nicht wählerisch, der Tommy, was Gaben anbelangt. Man muß hinzufügen, daß diese Denkart in seine jüngeren Jahre fiel. Mit fortschreitendem Alter und wachsendem Eigenwertgefühl veränderten sich die Ansprüche. Zurück zum Jüngling Tom. Sein Geburtstag steht bevor. Es kann nicht schaden, im Bekanntenkreis kundzutun, was man so brauchen könnte. Bis auf wenige Ausnahmen – wie Salpetersäure und Stiefmütterchensamen – eigentlich alles.

Doch manchem mangelt es an Phantasie. Das Nächstliegende fällt ihm nicht ein. Zum Beispiel, daß einem Schreiber ein hübsches Schreibgerät gelegen käme. Deshalb ermuntert Tommy seine Freunde mit Hilfe einer anregenden Wunschliste, im Schenken nicht nachzulassen: »Ich nehme sehr gern Geschenke an. Konzert- und Theaterbillets, Suppenkarten, Wäschestücke, Nahrungsmittel, auch Baar-Geld: alles ist willkommen.«

Aufklärung

Ein Norddeutscher in München! Das bringt Probleme mit sich. Nicht nur die Wesensart beider Volksgruppen weist gravierende Unterschiede auf. Auch der Gebrauch der deutschen Sprache triftet weit auseinander. Mißverständnisse, Mißdeutungen, ja, reinstes Unverständnis sind möglich. Deshalb fühlt sich Thomas einem Bekannten gegenüber verpflichtet, ihm die nötige Auslegung eines süddeutschen Kernwortes zu geben: »›Datschi‹ ist übrigens eine bayerische Mehlspeise und kein Abschiedsgruß.«

Anmerkung für Nichtbayuvaren: »Datschi« ist ein flacher Obstblechkuchen. Als Grundlage verwendet man meistens einen Hefer-Doag (welches hochdeutsch »Hefeteig« bedeutet). Zur Datschi-Auflage eignen sich: Äpfel, Kirschen, Himbeeren, Heidelbeeren, Zwetschgen (süddeutsche Bezeichnung für Pflaumen). Der Zwetschgendatschi ist sehr schmackhaft. Bevor man die Früchte auf den Doag legt, sind sie zu entsteinen und fächerförmig aufzuschneiden. Bei Heidelbeeren ist das nicht erforderlich.

Begegnung

Die beiden, die sich aufeinander zu bewegten – Katharina Hedwig Pringsheim und Paul Thomas Mann – hatten unterschiedliche Ausgangspositionen beim Betreten der besten aller Welten. Thomas auf einer »gewichtigen Mahagoni-Lagerstatt«, Lübeck, Breite Straße Nr. 38. Katia in Feldafing, einer kleinen Ortschaft am Starnberger See, wo Familie Pringsheim die Sommerfrische genoß. Hedwig Pringsheim, die Mutter, erwartete ihr viertes Kind. Die Geburt setzte zu früh ein – sie war allein im Haus. Eine Bäuerin eilte ihr zu Hilfe. Mit dem Vorgang vollauf beschäftigt, rief sie plötzlich: »Jessas! Es kommt noch eins!« Das war Katia.

DAS BILD. Die Pringsheimschen Kinder, fünf an der Zahl, besuchten in München ein Kostümfest. Allesamt clownesk verkleidet. Katia im koketten Kostüm einer kleinen Pierrette. Die vier Brüder, passend zu ihr, als Pierrots. Der Maler Friedrich August von Kaulbach, beim Kinderfest zugegen, war begeistert von dem lustigen Pringsheim-Quintett. Er bat darum, die quicklebendige Schar malen zu dürfen. Das Bild hieß »Kinderkarneval« und ging mit großem Erfolg durch viele Ausstellungen. Auch in illustrierten Zeitschriften war es abgebildet. In einer solchen sah es in Lübeck der Knabe Thomas. Er teilte Kaulbachs Begeisterung, schnitt den »Kinderkarneval« aus und zweckte ihn über sein Pult. Ohne es zu ahnen, schwebte nun Katia in seinen Tag- und Nachträumen. Er mußte sie ja treffen.

IM KONZERT. Jahre danach. Schauplatz München. Katia Pringsheim kannte die *Buddenbrooks*, aber nicht den Autor. Tommy sah bei Konzertbesuchen des öfteren die junge Dame K. in Begleitung ihrer Brüder. Er war weit davon entfernt, zwischen dem schönen Wesen und seinem Zeitungsbild eine Verbindung herzustellen. Doch auf die »Prinzessin« hatte er schon ein Auge geworfen. Durchs Opernglas! Mit einem solchen beobachtete er sie genau: »Ich sehe Sie links vorne hereinkommen, mit Ihrer Mutter und Ihren Brüdern, sehe, wie Sie zu Ihrem Platze in einer der vorderen Stuhlreihen gehen, sehe den Silbershawl um Ihre Schulter, Ihr schwarzes Haar, die Perlenblässe Ihres Gesichtes darunter ... – es ist nicht zu sagen, wie vollkommen und wunderbar im Einzelnen ich Sie sehe!...« Diese schicksalhafte Besichtigung treibt unvermeidbar auf einen direkten Kontakt zu.

IN DER TRAMBAHN. Ebenfalls Schauplatz München. Katia fährt zur Vorlesung. An der Haltestelle-Schellingstraße / Türkenstraße will sie aussteigen. Der Kontrolleur steht vor ihr und verlangt den Fahrschein. Den hat sie bereits entsorgt. Es entspinnt sich folgender Dialog – heftig, temperamentvoll und in Eile geführt. ER: »Ihr Billet muß i ham!« SIE: »Ich sag Ihnen doch ... ich hab's eben weggeworfen, weil ich hier aussteige.« ER: »Ich muß das Billet –. Ihr Billet, hab ich gesagt!« SIE: »Jetzt lassen Sie mich schon in Ruh!« Zornig entspringt sie der Tram. ER (hinter ihr herrufend): »Mach, daß d' weiterkimmst, du Furie!«

Tommy, Fahrgast in derselben Bahn, fühlt sich von Katias Temperamentsausbruch so angezogen, daß er Mut faßt und sie anspricht: »Schon immer wollte ich Sie kennenlernen, jetzt muß es sein.«

Nach angemessener Zeit stellte Katia ihren Verehrer den Eltern vor. Tommy sah sein Zeitungsbild nun im Original an der Pringsheimschen Wohnzimmerwand hängen. Flugs kombinierte er. Dann nahm alles weitere seinen Lauf ...

Buchhändler Buchholz

Beim Zustandekommen der Verbindung von Katia Pringsheim und Thomas Mann leistete Herr Buchholz einen wichtigen Beitrag.

Sie – von der Lyrikerin Else Lasker-Schüler »eine morgenländische Prinzessin« genannt. Er – im Pringsheimschen Hause, unter der Hand, als der »leberleidende Rittmeister« bezeichnet, was man von Teint, Schlankheit und korrekter Haltung ableitete. Tommy möchte sehr gern die »Prinzessin« heimführen. Katia zögert. Die Pringsheims – wohlhabende, wohlsituierte Familie – ebenso. Heirat mit einem Schriftsteller? Wenn er denn überhaupt schon ein solcher ist! Frau Hedwig Pringsheim, geborene Dohm, lebenserfahrene, literarisch gebildete Dame und besorgte Mutter, sucht Buchholzens Buchladen auf. Dort fragt sie nach dem Autor Thomas Mann und eventuell vorhandenen Werken von ihm. Auch, ob der Buchhändler mit dem Namen etwas anfangen könne? Herr Buchholz erstrahlt: »Thomas Mann? Ja, der! Der wird mindestens so weit gehen wie Gottfried Keller. Das kann ich Ihnen sagen.«

Die Verlobung von Katia und Tommy fällt auf einen Montag. Es ist der 3. Oktober 1904.

Der Dichter wird vertont

Die Verlobten reisten nach Berlin, um Katias Verwandtschaft zu besuchen. Das verlangte der Brauch. Man stellte sich vor – in diesem Falle Thomas Mann –, ließ sich beäugen und begutachten. Unumgängliche Pflichtverrichtung.

Während der Berliner Tage las Thomas Mann im »Verein für Kunst« aus seinen literarischen Arbeiten. Herwarth Walden , der Schriftsteller, Kritiker, Musiker und Begründer der Zeitschrift »Der Sturm«, stand dieser Gesellschaft vor und hatte die Lesung veranlaßt. Sie sollte einen festlich-feierlichen Rahmen erhalten und als »Ereignis des Monats« allen im Gedächtnis bleiben. Walden komponierte auch. Er schuf extra und ausgewählt für diese Stunde ein musikalische Werk, welches eingangs der Veranstaltung welturaufgeführt wurde. Von ihm selbst! Es hieß: THOMAS MANN.

Ein authentisches Zeugnis über das Klangerlebnis gab Katia: »Es war ein sehr sonderbares Gebrumme auf dem Cello ... und (ich) kriegte einen furchtbaren Lachanfall.«

Heiratsanträge

Er war keineswegs der einzige, der sich um Katharina Pringsheim bewarb. Als Thomas Manns Nebenbuhler traten auf: Junge Leute aus dem Freundeskreis von Katias Brüdern; ein entfernter Verwandter gleichen Namens; ein Professor (ohne nähere Angaben zur Person). Und Alfred Kerr, der Theaterkritiker und -historiker. Katia muß auf Literaten eine besondere Affinität ausgeübt haben. Tommy gewann – wahrscheinlich der schöneren Liebesbriefe wegen – gegen Alfred. Dieser verübelte es seinem Mitbewerber und setzte ihm mit spitzer Feder heftig zu. In Briefen an Arthur Schnitzler und Hugo von Hofmannsthal spricht Thomas Mann von den »giftigen Angriffen des Herrn Kerr« und seinem »giftigen Gejökel«. Nach geraumer Zeit überging er großzügig Kerrs boshafte Anschläge. Er hatte ja auch den Sieg davongetragen. In solchen Fällen läßt es sich leicht großmütig sein.

Die Rede

Der 11. Februar 1905, ein Sonnabend. Katia in Crêpe-de-chine-Robe und Myrtenkranz, ohne Schleier (sie sei doch kein Opfertier). Thomas im »gutsitzenden Frack«. Nach dem Gang zum Münchner Standesamt am Marienplatz, traf sich die Hochzeitsgesellschaft in Katias prunkvollem Elternhaus. An der festlichen Tafel hatte auch der Bräutigam eine Ansprache zu halten. Insbesondere die nächsten Anverwandten waren zu ehren, so sah es die Lebensart vor. Die Versammelten kannten indes Tommys Eigenheit der weitausholenden Rede. Gespannt erwartete man seine Ausführungen.

Der Bräutigam erhob sich und bat um Aufmerksamkeit. Die Kosenamen der zu würdigenden Familienmitglieder verwendend, sagte er: »Meine Herrschaften, fürchten Sie nichts, ich werde mich kurz fassen: Mimchen, Muhne, Puhne, Fink und Fei – hoch!«

Das war die Hochzeitsrede Thomas Manns im Hause Pringsheim, München, Arcisstraße 12.

Weshalb Katia P. Thomas M. heiratete

Das gescheite Fräulein Pringsheim, das bereits an der Münchner Universität bei Konrad Röntgen Experimentalphysik hörte und darüberhinaus andere naturwissenschaftliche Fächer belegt hatte, sah keinerlei Veranlassung zu einer festen Bindung. Daß sie sich dennoch anders entschied, dafür gab es zwei Gründe:

Tommy schrieb so »wunderbar schöne Briefe«, die nicht ohne Eindruck blieben. Verständlich. Es sind Liebesbriefe voller Überschwang, voller Zärtlichkeit. Er nennt Fräulein Pringsheim darin sein Glück, seinen Stern, seine »süße, gütige, geliebte kleine Königin.« Was also blieb ihr übrig?

Der zweite Beweggrund Katias war ihr Kinderwunsch. Sie sagte später in ihrer herrlich spontanen Art, geheiratet habe sie nur, weil sie Kinder haben wollte.

Als sich die erste Schwangerschaft ankündigte, fragte man den werdenden Vater, was ihm lieber sei, Junge oder Mädchen? Und was antwortete dieser taktlose Mensch: »Natürlich ein Junge. Ein Mädchen ist doch nichts Ernsthaftes.«

Gedicht

Für einen Lyriker hielt sich Thomas Mann nicht. Er sei doch nicht »Tom der Reimer« (altschottischer Dichter). Wohl aber für einen »beliebten Erzähler, potz tausend noch mal!«

Sein Sprachgefühl und die hohe Musikalität, beide sich überlappend, führten letztlich doch zum Reimen. Thomas stellte diesen Vorzug in den Dienst der Familie. Zum Beispiel verfertigte er Geburtstagsgedichte.

Die Großmutter Hedwig Pringsheim – mit dem Kosenamen »Offi« – näherte sich der Vollendung eines weiteren Lebensjahres. Nichts erfreut Großmütter mehr, als wenn Enkelkinder, ihnen zu Ehren, Gedichte vortragen. Thomas dachte sich vorausschauend eine würdige Gereimtheit aus. Nebenher noch eine zweite, der es ziemlich an Würde fehlte. Sie nahm Bezug auf Offis gefärbte Haare. Durch vieles Färben changierten sie inzwischen ein wenig. Erika Mann, damals noch im Vorschulalter, sollte den Vortrag übernehmen. Thomas übte fleißig mit ihr. Da seine erzieherischen Fähigkeiten nicht so stark ausgebildet waren wie die literarischen, brachte er der Tochter sowohl den einen wie den anderen Vers bei (welch letzterer sich auch leichter lernte). Sie dürfe aber um Gottes willen nur das anständige Gedicht hersagen ... Es ging gut. Die überaus große Gefahr des Abgleitens ins Würdelose mag man dem unseriösen Reime selber entnehmen: »Liebe Offi, fünfzig Jahre / Bist du nun schon auf der Welt / Und hast auch schon grüne Haare, / Was mir gar nicht sehr gefällt.«

Die »fünfzig Jahre« der lieben Offi sind großzügig zu betrachten. Denn einer von beiden irrte. Entweder Thomas charmant beim Dichten oder Erika beim Erinnern.

Vorschuß

Finanzielle Engpässe waren bei Manns nicht auszuschließen. Thomas wehrte sich hartnäckig gegen die Inanspruchnahme von Vorschüssen. Dachte er vielleicht, seriös wie er war: Borgen ist viel besser nicht als Betteln? Als man beschloß, in Bad Tölz ein Landhaus zu bauen, das »Herrensitzchen«, wie er es nannte, geriet der Finanzierungsstrom ins Tröpfeln. Sollte man denn das Dach aufs Parterre setzen? Doch wohl nicht! TM überwand sich und schrieb an seinen Verleger Samuel Fischer. Im Brief reihte sich Begründung an Begründung, weshalb diese prekäre Lage entstanden sei, aber es wäre ja bald mit dem Erscheinen des nächsten Buches (*Königliche Hoheit*) zu rechnen. Und Herr Fischer ginge also kein Risiko ein. Rundheraus: Er bitte um einen Vorschuß von 3000 Mark. Samuel Fischer wußte längst um den Wert seines Autors und willigte umgehend ein. Das

Antwortschreiben enthielt einen Nachsatz: »Sie haben sich offenbar verschrieben. Sie meinten doch natürlich 30000 Mark.«

Beinahe ein Duell

Die *Buddenbrooks* erschienen. Der Erfolg blieb aus. Vorerst. Einzig der Kritiker Samuel Lublinski äußerte sich positiv und weitblickend im »Berliner Tageblatt« über das Buch. Es sei »eines jener Kunstwerke, die wirklich über den Tag und das Zeitalter erhaben sind, die nicht im Sturm mit sich fortreißen, aber mit sanfter Überredung allmählich und unwiderstehlich überwältigen.« Soweit die Vorgeschichte.

Herr Lublinski wurde in einem anderen Zusammenhang von dem Philosophen und Mathematiker Theodor Lessing öffentlich angegriffen. TM ärgerte sich maßlos darüber. Er griff seinerseits Herrn Lessing scharf, ja beleidigend an und bezeichnete ihn als »benachteiligten Zwerg«. Unverzüglich schickte Lessing ein Telegramm: Er wolle, daß sie die Klingen kreuzen! Was nun ...? Thomas bespricht sich mit seinem Schwiegervater. Dr. Alfred Pringsheim, Universitätsprofessor, kennt in diesem Spezialfall die akademischen Gepflogenheiten weitaus besser als Theodor Lessing. Dem seien die Spielregeln diesbezüglich wahrscheinlich völlig unbekannt. Und telegraphisch ließe sich der Vorgang schon gleich gar nicht regeln – so lautet die Antwort. Das Duell entfiel. Die Feindschaft blieb.

Der Unpraktische

Mit dem täglichen Leben, was seine nüchternen Seiten anbetraf, tat sich Thomas Mann etwas schwer. Katia übernahm diesbezügliche Pflichten, Aufgaben, Anforderungen, Lasten. Als sie zu einem mehrmonatigen Sanatoriumsaufenthalt nach Davos fuhr, traf Thomas Mann die volle Wucht des Münchner Familien-Alltags. Schon eine zu begleichende Rechnung warf ihn aus der Bahn. Wie sollte er denn das finanzielle Ansinnen stillen und überhaupt – wovon? Thomas eilte mit dem suspekten Schreiben in die Arcisstraße 12, zu den Schwiegereltern Pringsheim: Da habe er nun diese Summe zu bezahlen und wisse genau, daß Geld im Hause sei, aber eben nicht wo?! Könnten Pringsheims, Ihr Verständnis für seine vertrackte Lage vorausgesetzt, und auch wegen der Dringlichkeit des Falles vielleicht ... Selbstverständlich konnten sie, hatten auch Verständnis – und liehen ihm den Betrag.

Kunstbegriff

München – Stadt der Musen, Sammelort für Maler, Musiker, Bau- und Gartenkünstler, Theaterleute. Auch für die schreibende Garde. Auch ... Das Ansehen der Literaten hielt sich in Grenzen. Bewunderung galt vornehmlich den Malern. Franz von Lenbach, Franz von Stuck und andere bekannte Künstler verhalfen der Malerei zur Vorrangstellung in der Stadt. Wer sich in München mit Kunst beschäftigte, gleichgültig welcher Art und welcher Qualität, der war eben ein Maler. So begrüßte man den Schriftsteller Thomas Mann in Münchner Geschäften respektvoll, doch unerschütterbar mit »Herr Kunstmaler«, was darf's denn sein? Daraufhin erwog er, sich fortan »Kunstschriftsteller« zu nennen. Aber diese Berufsbezeichnung setzte sich nicht durch.

Entleibungspläne

Als Monika Mann im Sommer 1910 zur Welt kam, befand Katia, »Mönchen« sei bisher mit Abstand der hübscheste Säugling unter ihren Kindern gewesen. Thomas Mann sprach nicht dagegen. Nur so viel – nunmehr wäre wohl der Bedarf an Nachkommenschaft endgültig befriedigt. »Wenn ich ... zum fünften Mal (Vater) werde, übergieße ich mich mit Petroleum und zünde mich an.«

Hatte ihn seine Zerstreutheit vergessen lassen, daß er an diesen Vorgängen gewissermaßen mitbeteiligt war?

Keine Traute

JWG verfolgte TM. Seit frühester Zeit. Bekanntlich ist Angriff die beste Verteidigung. So beschloß Thomas Mann, eine Goethe-Novelle zu schreiben. Auf humorige Art wollte er dem Meister beikommen und ein wenig »Entwürdigung« und »Korrumption« betreiben, verrät Katia. Was wäre dazu besser geeignet, als Herrn Goethes später Schwarm für die junge Ulrike von Levetzow. Vielleicht entstünde eine Marienbader Humoreske?

Thomas Mann besichtigte das historische Feld mit der ihm eigenen Genauigkeit. Setzte wohl auch schon zum poetischen Atemholen an ... und ließ es sein. Ihm kamen Skrupel. Er wagte nicht, den Gang mit G. anzutreten. Der Geheimrat hatte ihn in die Schranken verwiesen. Vorerst!

Die dunkle Stelle

Katia Manns labile Gesundheit verlangte wiederholt Aufenthalte in Sanatorien der Schweiz. Im Sommer 1912 besuchte Thomas seine junge Frau in Davos. Er blieb einige Zeit bei ihr und beschloß, angeregt durch Örtlichkeit, Milieu und Umgebung, eine Novelle über Davos zu schreiben. Die Novelle hieß später *Der Zauberberg* und war zu einem Roman von mehr als tausend Seiten angewachsen.

Während ihres Zusammenseins und auch in Briefen schilderte Katia ihrem Mann Einzelheiten aus dem Klinikleben. Vieles davon findet man im *Zauberberg* wieder. Katias Briefe aus dieser Zeit gingen verloren. Schade, meinte sie, es wäre eine gute Grundlage für Germanisten gewesen, um Wirklichkeit und literarische Umsetzung zu vergleichen. Das entfalle nun. Es sei im übrigen auch nicht wichtig. Denn »die Germanisten vergleichen sowieso viel zu viel.«

Einige Szenen des Romans ähneln weitgehend eigenem Erleben. Dr. Friedrich Jessen, der Kurarzt, bot Thomas Mann eine Spezialuntersuchung an (wo er doch mal hier sei!). Es kam, wie es kommen mußte. Jessen stellte fest: Thomas habe da eine »Stelle«. Es wäre günstig, wenn er gemeinsam mit seiner Frau ein halbes Jahr am Ort bliebe ... Im *Zauberberg* wandelt sich Dr. Jessen zu »Hofrat Behrens« und der reale Vorgang in folgende Situation:

Der Hofrat teilt nach Anamnese und Abklopfen und Hineinhorchen in Hans Castorps* Atemsystem diesem mit: »Wie aber die Dinge liegen ... und wo Sie nun einmal hier bei uns sind, – so lohnt es die Heimreise nicht ... in kurzem müßten Sie doch wieder antreten.«

Thomas Mann, beunruhigt über Jessens Diagnose, schrieb an seinen Hausarzt in München. Die Antwort: »Sie wären der erste, der bei einer Untersuchung in Davos nicht irgendeine ›Stelle‹ gehabt hätte: Kommen Sie nur gleich zurück. Sie haben in Davos gar nichts zu suchen.«

Kringelchen

Während der Kriegsjahre 1914 bis 1918 verdrängte allmählich der Ersatz das Original auf der Speisenkarte. In der Mannschen Küche kreierte man Puddings aus einem zweideutigen Pulver mit eindeutigem Mandel- und Seifengeschmack; und »Wirsingkoteletts«. Weihnachten aber sollte der Tisch etwas festlicher gedeckt sein. Man träumte von Mandelgebäck – ohne Seifenaroma – und anderen bescheidenen Leckereien.

Hans Castorp – Hauptgestalt des Romans *Der Zauberberg*.

Katia und Erika buken Plätzchen. Beizeiten und heimlich! Wegen der Überraschung. Sie versteckten ihre duftenden feinen Backwaren in einem Schrank (vielleicht war eben das ein Fehler, weil der Duft ja durch die Ritzen drang). Und was tat der ahnungslose Hausherr?... In der letzten Adventswoche teilte er seiner Familie freudig mit: »Das wißt ihr wahrscheinlich gar nicht, da oben in dem Schrank sind so nette Kringelchen, ich esse ständig davon.« Na dann: Frohe Weihnachten!

Berufswünsche

Tommy wäre ein guter Zeichner geworden, bestätigt der Bruder Viktor. Mancher seiner Entwürfe habe ihn an George Grosz erinnert. Ja, mag sein, aber so vordergründig verspürte Thomas Mann den Drang dazu nicht. Um ein Haar hätte er das Bankfach gewählt. Diese seine Absicht sollte man allerdings mehr als eine Verzweiflungstat betrachten, die sich glücklicherweise nicht erfüllte. Thomas befürchtete die Ablehnung seines *Buddenbrooks*-Manuskriptes. Doch Samuel Fischer gab den Roman heraus. Thomas Mann brauchte nicht Bankbeamter zu werden.

Einer jungen Dame gegenüber äußerte er, vielleicht tauge er auch zu einem geistlichen Amte. Aber er sei nun mal Schriftsteller. Verpaßte Gelegenheit?

Ein Berufswunsch bewegte Thomas Mann ernsthafter. Der des Dirigenten. Musikverständnis und hohe Musikalität sprachen dafür. Bei einer eventuellen Wiedergeburt würde er darauf bestehen und diesen Weg gehen! Seine heimliche Neigung vertraute er dem Freunde Bruno Walter an. Der tröstete ihn: »Ach, es ist doch so auch ganz gut.« Wohl gesprochen, Bruno!

Pädagogische Anwandlungen

Vater Thomas Mann mischte sich selten in Erziehungsfragen seiner Kinder ein. Sie wußten: Pielein habe ständig zu schreiben – oder nachzudenken; ihre erste Kinderpflicht lautete: RUHE! Schlechte Zensuren beeindruckten ihn kaum, aber Lärm. Tobten die Kinder gar zu sehr, und ihr Geschrei drang bis in sein Arbeitszimmer, dann war, wie man so sagt, der Teufel los. Er schimpfte ungern und griff nur dann ein, wenn die Umtriebe der lebhaften Gesellschaft das Maß überschritten. Manchmal »erzog« er völlig unerwartet.

In den Jahren des ersten Weltkrieges fielen die Mahlzeiten nicht immer üppig aus. Das Vorhandene teilte man stets redlich unter den vier Geschwistern (Elisabeth und Michael waren noch nicht geboren). Einmal blieb vom Nachtisch eine Feige übrig. Einhellig vertrat man die Meinung, sie müsse nun durch vier geteilt werden. Nicht so Pielein. Er nahm das Objekt der Begierde, gab es Erika, seiner ältesten Tochter, und belehrte die fassungslose Tafelrunde: »Man soll die Kinder früh an Ungerechtigkeit gewöhnen.« Man darf es als glückliche Fügung betrachen, daß Mielein den Hauptanteil der Erziehung übernahm.

Herr und Hunde

Diese Vierbeiner gehörten stets zur Familie Mann. Sie besaßen zwei Vorteile: Hunde galten als ideale Begleitwesen auf den Mittagsspaziergängen des Hausherrn, belustigten ihn, ohne ihn zu stören. Sie wirkten ermunternd in getrübter Stunde: »Mein Gemüt wird noch freundlich bewegt vom Anblick ... schöner Hunde.«

Schon während des Italienaufthaltes der Brüder Heinrich und Thomas war ein Hund im Spiel. Er hieß TITI (Zärtlichkeitsform von TITINO), ohne Angabe der Rasse – und streunte in Palestrina. Später legte sich die Familie edlere Tiere zu. Darunter Schottische Schäferhunde und Pudel. Ab und an erfolgte auch der Rückgriff auf echte Bastarde, ihrer Verläßlichkeit und Anhänglichkeit wegen. Zwei der Hausgenossen kamen zu besonderen Ehren. Sie wurden »literarisch«. MOTZ, der feinnervige Colli, veränderte sich im Roman *Königliche Hoheit* in den »schönen, aber entsetzlich aufgeregten« Perceval (gerufen: Percy), der exaltiert bellte. Und BAUSCHAN erhielt sogar seine eigene Erzählung: *Herr und Hund*.

Beide getreue Gesellen schilderte Thomas Mann so zutreffend, wie es nur ein guter Beobachter vermag. Der »harmlos geisteskranke Aristokrat« Percy (MOTZ); und BAUSCHAN »mit volkstümlich schlichtem Sinn«.

Nach seinem Ableben ruhte BAUSCHAN in einem würdigen Grab. Es trug zum Gedenken Zeilen von August von Platen, die der Herr seinem Hund ausgewählt hatte: »Zwar hat auch ihm das Glück sich hold erwiesen / Denn schöner stirbt ein Solcher, den im Leben / ein unvergänglicher Gesang gepriesen.«

Unter den Pudeln taten sich NICO I und NICO II hervor. Letzterer – schwarz; mit Goldleder-Halsband und Flitter geschmückt – lief als zutrauliches Geschenk zur Goldenen Hochzeit von Katia und Thomas ins Kilchberger Haus. In die »Kilchi«. Das Jubelpaar zeigte sich hocherfreut. Zwar hasse das »goldene Hundetier« den Briefträger, sei aber ansonsten sanft, habe auch die gleichen Othello-Augen wie sein Vorgänger NICO I in Kalifornien. Deshalb solle der Neue auch denselben Namen tragen. Thomas Mann empfand es als Wiederkehr der »lieben Creatur« nach längerer Abwesenheit. Im Rückblick verklärt sich eben vieles.

Zwischen NICO I und Thomas war es nämlich einst zu einer schweren Kontroverse gekommen. Ungehorsam, Widerspenstigkeit, Beißereien mit fremden Hunden auf der einen Seite – auf der anderen der Tagebucheintrag des verärgerten TM vom 6. Januar 1940: »Zerwürfnis mit dem Pudel wegen seiner Unfolgsamkeit nach Auffindung abstoßender Dinge. Beschluß, mich nicht mehr darum zu kümmern.« Basta!

Das Paradies

Der Garten Eden hat viele Erscheinungsbilder. Je nach dem, wer ihn betrachtet und zu welchen Zeiten er betrachtet wird.

Für Thomas Mann lag der sphärische Traumgarten während einiger Julitage 1919 im irdischen Städtchen Glücksburg. Eigentlich befand er sich eher im Schlaraffenland als in paradiesischen Gefilden – doch in jenen Augenblicken flossen wahrscheinlich beide Vorstellungen ineinander. Es war das viele gute Essen, welches ihn emporhob. Er berichtete seiner Familie brieflich darüber und versicherte, sie würden allesamt tanzen und jubilieren beim Anblick solcher Genüsse, und beim Anblick bliebe es ja nicht. Da also wären: »Herrliches festes norddeutsches Rührei und Bratkartoffeln, die von Butter glänzten« und »kalter Aufschnitt von der besten Sorte«. Sozusagen das Dessert biete ein Obstgarten mit roten, schwarzen und gelben Johannisbeeren, Kirschen und Himbeeren. »Es ist wie im himmlischen Paradiese.«

Hosianna – Hosianna – Hosianna.

Stoßseufzer

In seinem fünfundvierzigsten Lebensjahr, auf den Tag genau am 13. September, nach einer tiefschürfenden, gewissenhaften Rückschau mit ernüchternden Schlußfolgerungen und damit in Zusammenhang stehendem Ausblick in die Zukunft, findet TM zu einer Einsicht – ihn persönlich angehend: »Ach, ja, das Läben. Nun sind wir schon bald alt, und dann sterben wir ...« So, so.

Amüsabilität

Wie jeder, so hatte auch Thomas Mann Lieblingswörter, die ihm leicht auf der Zunge lagen. Zu den auserwählten unter den mundgerechten Lieblingen zählte »amüsabel«. Ein leichtfüßig-klangvolles Wort. Wen es nach Amüsement gelüstet, der kann nur amüsiert werden, wenn er amüsabel ist. Der genetisch gefestigte Amüsable lacht leichter und lebt länger. Thomas fand diesen Zusammenhang heraus. Er hielt ihn für recht passabel und im alltäglichen »Läben« verwendbar. – Der Schein trügt. Vor TM hatte JWG bereits Ähnliches gedacht und geäußert: Man könnte die Leute wohl amüsieren, wenn sie nur amüsabel wären.

Ach, geht's denn nicht mal ohne Goethen?!

Das Haustier

Unter dem Mannschen Hausrat befand sich eine Rarität. Aus dem Tierreich stammend und von weither gekommen. Nicht mehr lebend, aber anwesend. Bedrohlich, aber ungefährlich. Beachtlicher Schauwert, geringer Nutzwert, hoher ideeller Wert: Der Bär. Familienerbstück aus Lübeck. Senator Manns erhielten ihn zur Hochzeit als Geschenk aus dem fernen Rußland. Demnach wohl ein sibirischer Braunbär. Aufrecht und gewaltig stand er, blickte aus dunklen Glasaugen, hielt eine Schale für Visitenkarten in der Pranke, bleckte Zähne und rote Holzzunge. Er posierte in Dielen oder an anderen geeigneten Plätzen der jeweiligen Wohnsitze. Denn der Bär war eine heilige

Kuh und wanderte mit, wenn man umzog. Von Lübeck nach München. Und dort von einer Wohnung zur anderen.

Frau Senator Mann übereignete den »Hausbären« ihrem Sohn Viktor. Bruder Viktor transportierte ihn später in die Poschingerstraße 1 zu Bruder Thomas. Der sagte in solchen Fällen zu seiner Familie: »Nun, ihr werdet schon irgendwo ein Plätzchen finden.«

Wenn man bedenkt, daß die Eltern Mann 1869 die Ehe schlossen, davorliegend das Prachttier von einem Braunbären weit hinten im Osten auf Abschuß stand und noch davor etliche Jahre durch die sibirischen Wälder trottete – dann darf man berechtigt von einem sehr alten, teuren Familienbesitz sprechen. Er verdiente Achtung und Pflege. Letztere besonders. Die vielen Ortswechsel zausten an ihm. Und die Jahre. Also wurde er geleimt, entmottet, zusammengeflickt und wieder geleimt, entmottet ...

Zum Bedauern aller jüngeren und älteren Familienmitglieder überstand der Hausbär das »Dritte Reich« nicht. Doch Thomas hatte längst für sein Fortleben gesorgt.

Buddenbrooks, siebenter Teil, erstes Kapitel: Taufe im Hause Buddenbrook. Zum Fest erscheinen auch die Verwandten aus Riga. Sie bringen ein Geschenk mit, »einen mächtigen, aufrechten, ausgestopften, braunen Bären ... der jetzt, eine Visitenkartenschale zwischen den Tatzen, drunten auf dem Vorplatz steht.«

Der Gesichtsschlag

Wenn Familien – wie die Manns – aus einer Ansammlung von Individualisten bestehen, dann brodelt es ab und an unterm Dach. Wenn das Familienhaupt (vom eigentlichen Oberhaupt Katia abgesehen) einen leicht erregbaren Gefühlspegel besitzt, so können unbedeutende Anlässe bedeutende Folgen haben. Das heißt: Ursache und Wirkung stehen in einem Mißverhältnis. Das Problem entwickelt sich aber erst zu einem solchen, sofern der Verursacher der Wirkung mit der verursachten Wirkung nicht zurechtkommt.

Sohn Klaus Mann, genannt Eissi, bringt den Zauberer, einer Lapalie wegen, an die sich anderntags keiner mehr erinnern kann, auf den bewußten Baum. Der Pegel steigt. Das Auge blitzt. Der Junge schweigt. Die Feige sitzt (unter der genannten Feige ist natürlich eine Ohrfeige zu verstehen). Entgeisterung. Auf beiden Seiten. Beim Zauberer allerdings ungleich größer als bei Eissi. Der Pegel sinkt auf den Stand tiefer Betroffenheit und qualvoller Selbstvorwürfe. Thomas – der prügelnde Papa ... Ja, ja, mein Lieber, würde Bruder Goethe kommentieren, »der Pfeil des Schimpfs kehrt auf den Mann zurück, der zu verwunden glaubt«.

Totale Zernichtung einer Hetzschrift

An einem rassistisch- skandalösen Buch von Arthur Dinter, *Die Sünde wider das Blut*, entzündete sich Thomas Manns Ärger. Er zerfetzte es: dichterisch völlig wertlos sei es und die »schlechteste Kolportage-Romantik«. Außerdem geistig gefährlich, wegen seiner »Halbwahrheiten und agitatorischen Fälschungen«. Derartig »Wüstes« habe er noch nicht in seinem Hause gehabt. Er halte zwar nichts davon, Bücher zu verbieten – »aber beleidigen muß man den Verfasser doch wenigstens dürfen.«

Raub im Imperial

Eine Vortragsreise Thomas Manns führte das Ehepaar über Prag nach Wien. Der Dichter hegte eine Vorliebe für die Stadt. Empfang und Quartier waren exzellent. Man wohnte im Hotel Imperial – ohne für die Kosten aufkommen zu müssen. Wahrlich ein nobler Ort. Der Aufenthalt verlief hochgestimmt. Katia und Thomas befanden sich wohl; nichts ahnend, nichts befürchtend. Da schlug unerwartet eine Wiener Diebesbande zu. Einbruch in der Suite Mann! Perlknöpfe weg, Armbanduhr weg, Ledertaschen, Krawatten. Ja, sogar die Taschentücher fehlten. Warum ausgerechnet diese? Trugen sie TMs zierlich gesticktes Monogramm? Verbargen sich hinter dem unlauteren Zugriff passionierte Verehrer des Autors, die sich mit Souvenirs ihres Idols eindeckten? Man kennt solche Machenschaften.

Thomas nahm es philosophisch. Auch dieses Abenteuer trage doch letztlich zur »höheren Gloria des Ganzen« bei. Und die Perlknöpfchen wird ihm die Hotel-Direktion gewißlich generös vergütet haben.

Liebhaberaufführung

Im Hause Mann, München, Poschinger Straße 1 (in der »Poschi«) wurde Theater gespielt. Mit Enthusiasmus – und wohlüberlegt. Die jungen Mimen – Erika und Klaus Mann und die Nachbarkinder Gretel Walter, Tochter des Dirigenten Bruno Walter, und Richard Hallgarten, genannt Ricki, Sohn des Privatgelehrten Dr. Robert Hallgarten, gründeten als Basis ihres musischen Unternehmens den »Laienbund deutscher Mimiker«. Als Spielstätten dienten die elterlichen Häuser. Das Publikum, altersmäßig gemischt, war erlesen, der Zuspruch groß. Eine Besonderheit bestand darin, daß über die jeweilige Aufführung eine Kritik zu verfassen war. Das oblag den erwachsenen Zuschauern.

Mit einem Drei-Personenstück von Theodor Körner eröffneten die Kunstjünger in der Mannschen Diele die erste Spielzeit. Vom Erfolg beglückt, wagte sich das Ensemble im Verlauf an Lessing, Shakespeare und Molière.

Zum Ruhm des »Mimikbundes« trug fraglos die brillante Besprechung der ersten Vorstellung im Januar 1919 bei. Thomas Mann schrieb sie. Für den dichtenden Papa und Theaterliebhaber eine Selbstverständlichkeit.

»In Szene ging ›Die Gouvernante‹, jenes feine, wenn auch etwa marklose Werkchen des ... Th. Körner«. Die Spielleitung habe eine gute Stückwahl getroffen. »Die Gouvernante wurde von Fräulein Titi (Erika Mann) mit verständiger Distinktion verkörpert. Nur dem großen Monolog erwies sich die Gestaltungskraft der achtbaren Künstlerin ... als noch nicht völlig gewachsen. Als Luise bewies Herr Klaus viel Biedersinn«, doch der Darsteller müsse ermahnt werden, »daß das Sprechen gegen den Hintergrund als Unsitte gilt, da es das Verständnis der Dichterworte, von denen ein jedes dem Gebildeten teuer ist, erschwert. Die Rolle der Franziska lag bei Herrn R. Hallgarten in den besten Händen.« Allerdings habe sich in die honette Zuhörerschar ein »Rohling« eingeschlichen, der sich bei der anschließenden Sammlung »nicht entblödete, die Summe von 7 (sieben!) Pfennigen (!?!) zu spenden, ein Gebaren, von dem auch an dieser Stelle ausdrücklich abzurücken wir uns nicht versagen wollen, können, mögen und dürfen.«

Katia erinnerte sich noch im hohen Alter an diese Kritik ihres Mannes und meinte: »Er konnte ja sehr drollig sein.«

Berechtigter Stolz

Die erste Dissertation über Thomas Mann erscheint. Oskar Jancke, ein österreichischer Literaturkritiker und Schriftsteller, verfaßte sie. Promovent und literarische Bezugsperson sehen dem Augenblick der Kenntnisnahme mit Spannung entgegen. Der eine: Was hält der Nobelpreisverdächtige von meinem Geschreibsel? Der andere: Wie sieht mich das Forum der Wissenschaft? Thomas Mann liest die Schrift sehr aufmerksam. Das von Oskar Jancke erwartete Urteil formuliert er so kulant und so gefällig, daß für beide ein Ruhmesblatt abfällt. Er empfinde, so schreibt Thomas Mann, »Genugtuung darüber, ... zu wieviel Gescheitheit man doch immerhin Anlaß geben mag.«

Der Zauberer

Von den vielen Beinamen, die Thomas Mann während seines Lebens ansammelte, gilt der »Zauberer« wohl als der bekannteste. Die Abwandlungen reichen – bei Briefunterschriften – von der Kurzform »Z.« bis zum väterlich-liebevollen »Zauberle«. Es interessiert die Herkunft des Necknamens, oder ein entsprechender Anlaß, sofern es ihn gab. Hatte *Der Zauberberg* dazu angeregt? Das Spiel mit der Magie? Ein wenig Aberglauben, von dem er nicht frei war? Nichts davon.

Die beiden ältesten Kinder, Erika und Klaus Mann, waren in München zu einem Fest eingeladen. Der Vater sollte doch mitkommen. Es gäbe eine Mordsgaudi! Thomas, etwas lustlos, versuchte sich herauszureden. Es sei ja ein Kostümfest, und zur Verkleidung falle ihm nichts ein. »Du hast doch so einen schwarzen Dingsda für Universitätsangelegenheiten, einen Talar«, schlugen sie vor; dann könne er noch einen Fez auf den Kopf setzen ... und der »Zauberer« war geboren.

Grüße von der Ostsee

Katia und Tommy gönnten sich einen Sommeraufenthalt. Allein! Ohne die Kinder. Für reichliche vier Wochen. Die Reise führte die beiden nach Norden. Man besuchte die Ostseeküste und Sylt in der Nordsee. Sie genossen es, allein zu zweit zu sein. Genossen sie es wirklich? Blieb nicht ein Rest von Unruhe über das Geschehen und unvorhergesehene Geschehnisse im Münchner Hauswesen? Bei dem lebhaften, kaum kalkulierbaren Verhalten des Mannschen Nachwuchses – auch wenn er unter Betreuung stand – waren Überraschungen stets zu gewärtigen.

Die Eltern sandten regelmäßig Nachrichten, Berichte, vorsichtige Ermahnungen nach dem Süden. Ihrer Zeit sollten sie Herr bleiben dürfen, die Kinder, doch den elterlichen Fernblick ahnen.

Pielein schrieb eine »lustige Ansichtskarte« von Timmendorferstrand. Damit keiner am Ende sagen konnte, er habe sich nicht angesprochen gefühlt, traf das Herrpapale direkte Anrede: »Liebe Eri, lieber Eissi, lieber Golo, liebe Moni, liebe Mädi, lieber Bibi!« Dann folgt der Text. Er endet: »Seid alle brav und froh. Euer P.« Katia setzte einen mütterlichen Gruß darunter; klug-heiter etwas preisgebend, das die väterliche Moral-Aufsicht abschwächte: »Auch vom Mielein alles Gute; daß es täglich Schlagrahm gibt, verschwieg der P.!« Es ist anzunehmen, daß Eri und Eissi, die beiden Ältesten, die richtige Schlußfolgerung daraus zogen – und frohlockten.

Der Glückwunsch

Tochter Erika wurde zwanzig Jahre alt. Unter der Kinderschar von sechsen zog Thomas sie deutlich vor. Zu beider Gemeinsamkeiten zählte der Hang zur Drollerie. Sie witzelten, spöttelten, dalbten, neckten, sagten einander verquere Artigkeiten, pflegten in ihrem Briefwechsel einen schnodderigen Umgangston und tauschten hintersinnige Scherze. Es ist erquicklich, dem humorigen Hin und Her zu folgen.

Nun feierte sie also Geburtstag, zu dem der Zauberer seinem »Erikind« gratulierte. Doch möchte er den vielen Wünschen, den wohlgemeinten, ein triftiges Wort vorausschicken. Es sei nämlich dieses: Die Tochter möge ihm und Mielein verzeihen, daß sie einstens, von maßlosem Leichtsinn getrieben, das liebe Kind in die Welt setzten. Ähnliches oder Gleiches oder sonstwie Geartetes werde nicht noch einmal in die Erscheinung treten. Er verspreche es! Im übrigen – wenn er's recht bedenke – dann wäre es ihm und Fraumamale, seinem treuen Weibe, bei ihrer Erzeugung auch nicht anders ergangen. Freund Goethe legt nach und bestätigt: »Du sprichst ein großes Wort gelassen aus!«

Von der Würde

Im Gerangel mit Kritikern und deren zum Teil unsachlichen, bösartigen, verletzenden Angriffen versuchte Thomas Mann, weitgehend höflichen Ton zu wahren. In den meisten seiner Erwiderungen bemüht er sich um eine beiderseitige Verständigung. Vergaß natürlich nicht, Klarstellung, Beweis und Gegenangriff in feine Ironie zu hüllen. Überstiegen Auseinandersetzungen die gebotenen Grenzen, so mußte er deutlicher werden.

Mit dem Schriftsteller und Literaturkritiker Hans Brandenburg war er über inhaltliche Werte seiner »Produktion« (vermutlich *Der Zauberberg)* aneinandergeraten. Ein Brief gab den anderen. Brandenburg nahm Manns elegante Paraden persönlich – so waren sie auch gedacht – und startete seinerseits Ausfälle. Man spürt geradezu, wie Thomas sich innerlich straffte, Haltung einnahm und zur Attacke überging: Brandenburg habe doch nicht etwa angenommen, daß er nun Tränen der Rührung und des Dankes fließen lasse, oder ihm gar in die Arme sinke. Und dieses sei ihm ausdrücklich gesagt: Er, Thomas Mann, habe jedenfalls auf seine Würde zu sehen! Wohinter sich die spöttisch-geklügelte Anspielung verbarg, daß Herr Brandenburg wahrscheinlich keine besaß.

Unterkünfte

Die Häuser des Herrn Paul Thomas Mann, dem »hartnäckigen Villenbesitzer«, standen in unterschiedlichen Himmelsrichtungen und Städten der alten und neuen Welt. »Ich brauche ein Haus«, sagte er, wenn die Umstände einen Ortswechel erzwangen. Sonst fließe die Arbeit nicht munter fort. Hätte er dazu noch einen Sommersitz, möglichst am Wasser gelegen, so würde das sein Wohlbefinden runden.

Wenn dem so ist, so muß der Dichter haben, was dem Dichter nützt.

Waren einmal TMs alter Schreibtisch und Katias umsichtiger Geist eingezogen, gewannen die Häuser rasch das Flair einer wohnlichen, zuverlässigen Bleibe. Abgeschirmte Zufluchten darin und geweitete, gesellige Bereiche. Sobald die gewohnte Intimität in den Räumen lagerte, erhielten die Unterkünfte ihre eigenen Namen. Zumeist durch Anhängen eines zärtlichen »I«s an den Straßennamen der Behausung.

Die »Poschi« lag im Münchner Herzogpark, nahe der Isar (merke: Lieblingselement Wasser). Den Gästen galt das Haus in der Poschingerstraße 1 als angenehmer Verweilort. Katia und Thomas empfingen, neben »vielen vielen anderen«, die Literaten und Musiker: Bruno Frank, André Gide, Gerhart Hauptmann, Hermann Hesse, Hugo von Hofmannsthal; Heinrich Mann (diesen in Doppelfunktion – als bedeutende Persönlichkeit und Bruder, Schwager, Onkel), Frank Wedekind, Wilhelm Furtwängler, Gustav Mahler und Bruno Walter.

Ein Arrangement in der Poschingerstraße »entzückte« Thomas Mann geradezu: Gegen Abend wurden die grünen Samtportieren vor Fenster und Terrassentür gezogen und zwischen Arbeitszimmer und Diele die Flügeltür geöffnet. Und nun tat sich ihm der »äußerst herrschaftliche Durchblick« auf. Die Noblesse des Anwesens übertrug Thomas sogar auf den Mond. »Der Mond steht doch recht herrschaftlich über unserem Garten«, stellte er fest und schloß die Gardinen.

Thomas bestand nicht nur schlechthin auf einem Haus. Er verspürte auch den Baudrang in sich. Nicht die »Poschi« war sein erstes Bauunternehmen, sondern das »Herrensitzchen« in Bad Tölz. Die sommerliche Residenz. Ebenfalls mit »herrschaftlichen« Durch-, Aus- und Fernblicken versehen. Das nächste Sommerhaus lag sehr weit entfernt vom heimischen Wohnort München. In Nidden (Kurische Nehrung). Das hochgelegene Plateau, auf dem es stand, bot weite Ausschau auf das Haff. Umgehend erhielten Haus und Hügel ihre innerfamiliären Namen. »Onkel Toms Hütte« auf dem »Schwiegermutter-Hügel«.

»Schiedhaldi« hieß das Haus Schiedhaldenstraße 33 in Küsnacht (Schweiz), in dem die Manns von 1933 bis 1938 wohnten. TM nörgelte, mäkelte: »... elegant, aber lächerlich hellhörig und unzulänglich eingerichtet und dilettantisch gebaut.« Und diese Nöckerei trotz der sechs Toiletten und vier Badezimmer im Hause – und Blick auf den Zürichsee! Als aber der Schreibtisch seinen Platz gefunden hatte und Thomas die »Sächelchen« darauf ordnete und sich in der Folgezeit Schäferhund Bill, Airdale-Terrier Tobby und zwei Kater zu ihm gesellten, fand die schwierige Dichterseele Ruh'. Bis auf weiteres.

Unter Schwierigkeiten vollzog sich die Übersiedelung der Familie nach Amerika. 1938 nahm Thomas Mann in Princeton, New Jersey, eine Gastprofessur an.

Belastet und beladen mit privaten und aktuell-politischen Fährnissen, hielt es schwer, in der neuen Welt Fuß zu fassen. Thomas Mann, in berechtigter Trübsal, sagte den nunmehr klassischen Satz: »Ich brauche ein kleines Haus, wo mein großer und verläßlicher Schreibtisch steht, aber wo soll ich es finden?« Katia, die treue Gefährtin, überschaute die Lage: »Wir werden wieder ein kleines Haus finden, du sollst sehen! Wir werden hier in Amerika leben und uns zu Hause fühlen, überlaß das nur mir.« Katia fand die »Stocki«, ein gediegenes, großzügiges Backsteinhaus in Princeton, 65 Stockton Street.

Noch einmal schwingt sich Thomas Mann zum Bauherrn auf. 1942 bezieht die Familie das attraktive moderne Haus in Kalifornien, Pacific Palisades (1550 San Remo Drive), einem »Örtchen, unfern des Ozeans«. Wiederum in bester Lage und in Wassernähe, mit Sicht auf Catalina-Island. Sein bisher schönstes Arbeitszimmer, meint Thomas, habe er hier gefunden. Man darf beruhigt sein, die Atmosphäre stimmt.

Die »definitiv letzte Adresse« wird 1954 die »Kilchi«. Alte Landstraße 39 in Kilchberg (Schweiz); der Name »Landi« hätte wenig Originelles geboten. Das Haus liegt am Hang über dem Zürichsee. Der Ausblick übertrifft alles bisherige. Ausgestattet mit Balkonen und Erkern, ähnelt die »Kilchi« der »Poschi«. Diesmal ist der Hausherr rundherum zufrieden: »Jeden Morgen, wenn ich zwischen meinen Zim-

mern unterwegs bin, freue ich mich über die ›Kilchi‹,
die so sehr das Richtige ist ...«

Wörter

Mit der Sprache umzugehen wie ein Jongleur, lust-
voll sein Spiel mit Wörtern zu treiben, TM verstand es. Er wirbelte die Sprachgebilde durch die
Luft, fing sie auf, ordnete sie neu; zwackte an ihnen,
puzzelte an ihnen, färbte sie ein, stülpte sie um. Er
freute sich an ihrem vollen Klang, an ihrem hübschen
Aussehen. Zuweilen warf er ihnen auch ein Narren-
fetzchen über.

Da wäre die »Geckerei«, wohinter vielerlei Blend-
werk steckt. »Bullern« meint nicht, Tore schießen, ein
Klavier die Treppe hinunterbullern zu lassen, jeman-
den anrempeln – nein! »Bullern« verspricht, ein Fest
mit deftigem Mahl zu feiern (im Sinne von: Saure Wochen – frohes Bullern). Wenn man »kröpelig« wird, so
ist das Anzeichen eines »tründelnden« Gesundheits-
zustandes, der allernaslang ins Bett oder ins Kran-
kenhaus führt. Deshalb sollte man sich weniger an
»gelbe Gickerlinge« halten – worunter Schlaf-, Beru-
higungs- und andere verfängliche Mittel zu verstehen
sind –, sondern mehr an Spaziergänge in der freien
Natur. Deshalb gilt: Wer tründelt, hat mehr vom
Leben *nicht* als brauchbarer Erfahrungswert. Für den
täglichen Gebrauch hingegen geeignet und univer-
sell verwendbar, weil an der Oberfläche plätschernd,
ist »verbimsen«. – Nun mache sich jeder seinen Vers
darauf und leihe das Ohr nicht jedem »Gejökel«.

Prophylaxe

Er kommt in die Jahre, spürt es und entschließt sich, etwas dafür (oder dagegen) zu unternehmen. Thomas Mann spricht mit Herrn Silberhorn, den man ihm empfohlen hat. Der Masseur und Turnmeister erscheint daraufhin jeden zweiten Tag in der Poschingerstraße. Zeitig in der Frühe – und tut sein Werk. Gründlich. Er arbeitet den Mannschen Körper kräftig durch. Sodann läßt er Thomas »unter anderem 40 mal hüpfen« und reibt ihn schließlich mit Kölnischem Wasser ein.

Nunmehr duftend und wohlbefindlich, müßte der Hausherr eigentlich zufrieden sein. Ja und nein. Der Turnmeister nimmt nämlich 8 (acht!) Mark pro Prozedur und fährt mit dem Auto vor (der Zusammenhang zwischen Honorar und Vehikel liegt auf der Hand). Man muß demnach objektiv feststellen: Herr Silberhorn ist zwar ein exzellenter Masseur – aber auch ein ausgemachter Spitzbube!

Noch ein Gedicht

Zu Thomas' vierundfünfzigstem Geburtstag denken sich die Familienmitglieder, jedes nach eigenem Ermessen, Überraschungsgeschenke aus. Bibi (Michael) dichtet. Wie nicht anders zu erwarten, mäkelt der Jubilar am Detail herum. Die Anrede, »liebes Tobbilein«, läßt er hingehen, es schwingt ja kindliche Zuneigung darin. Anderes stimmt ihn bedenklich: »Gratoliert Dir n' ganze Schar, nur auf Deine Ehr' ... Ist nicht jung gar mehr.« Das trifft ihn im tiefsten

Inneren. Der leichtfertige Knabe möge sich doch vor Augen führen, daß er in Windeseile ebenso alt sein werde wie das Herrpapale. Welches dann längst bei den geflügelten Lichtgestalten im Himmel weilt, »um silberne Lilien gaukelt« und »leichte Malve« speist.

Ergänzend sei dem Geburtstägler noch eine opalene Schale mit Vermouth kredenzt. In himmlischer Abfüllung!

Der Nobelpreis

DAVOR. Die Presse verkündete mehrere Jahre hindurch in steter Wiederkehr, Thomas Mann erhalte den Nobelpreis. Mit an Sicherheit grenzender Wahrscheinlichkeit. Als die Wahrscheinlichkeit wegfiel, blieb, fürs erste: Der ungläubige Thomas. Ausdrücklich teilte man mit, die Preisvergabe gelte dem Roman *Buddenbrooks*. Thomas zweifelte erneut. Eigentlich sollten der Dichter und sein *Zauberberg* die Ehren empfangen. Doch ein maßgeblicher Berater des Preis-Komitees war anderer Meinung. Das Buch sei ein Unding und ließe sich in keine andere Sprache übersetzen. So griff man auf Thomas Manns Jugendroman zurück. Der aufmerksame Leser weiß längst, daß in den *Buddenbrooks* wenigstens ein Satz enthalten ist, dem außerordentliche Übersetzungsschwierigkeiten anhaften. Alois Permaneders Ausruf: »Geh zum Deifi, Saulud'r dreckats!«

Helen Lowe-Porter, die den Roman ins Englische übertrug, sah darin kein Hindernis: »Go to the devil, you yilthy, sprat-eating slut!« (Geh zum Teufel, du dreckige, sprottenfressende Schlampe!) Welch gelungene Translation.

MITTENDRIN. Der Festakt. Katia fuhr gemeinsam mit ihrem Mann nach Stockholm. Sie erzählt, es wäre feierlich, aber auch ein bißchen komisch zugegangen. »Der König saß auf seinem Stuhl, auf dem Thronstuhl«, berichtigt sie sich. Die Preisträger, alle befrackt, sprachen ein paar Worte. Dann wurden sie aufgerufen »und mußten sich dem Thronstuhl nähern«. Gustav überreichte ihnen das Diplom.

Die Kinder in München verfolgten die Feier am Radio. Sie hörten die ehrfürchtig-erregte Schilderung des Reporters: »Thomas Manns frackgewohnte Erscheinung bewegt sich auf den König zu ... seine Majestät streckt die Hand aus ...« Und in der »Poschi« erschallte, ob der Gespreiztheit, das große Gelächter.

Das Festdiner fand in gehobener Stimmung statt. Damasttischtuch und silberne Teller. Nur der König speiste von Gold. Katia bedauerte ihn im stillen. Denn er durfte sich nur mit »hochgestellten Personen« umgeben. »Da saß er also zwischen zwei ollen Morcheln, zwei Prinzessinnen ...«

DANACH. Von Stockholm aus reiste Thomas Mann nach Berlin. Zum großen festlichen Empfang in der Hauptstadt. Man veranstaltete ein Bankett und überschüttete ihn mit Ehren und ehrenden Anträgen. Das beste wäre ja, er käme nach Berlin. Für janz! Ein Festteilnehmer gab zu bedenken: »München, Herr

Professor? Jotte doch, wat wollen Sie denn jetzt noch in der Jruft?«

Zurückgekehrt in die bayerische Hauptstadt, nahmen Glückwünsche, Gaben, Besuche für den Nobelpreisträger kein Ende. Einer der Gratulanten, der Schriftsteller Josef Ponten, kam soeben aus Amerika zurück und eilte zu den Manns. Er habe »dort drüben« von der Preisverleihung erfahren. Thomas Mann spielte das Ereignis ein wenig herunter: Na ja, das könne jedem mal passieren. Worauf Ponten listenreich erwiderte: »Sie müssen das nicht unterschätzen. Wie ich in Amerika war und Sie den Nobelpreis bekamen, bin ich öfters mal gefragt worden: ›Who is Thomas Mann?‹«

Der Ästhet

Zur Nobelpreis-Erteilung gehört eine Rede, die der Preis-Empfänger vorzutragen hat. Man kann von ihm dergleichen erwarten, da an der verliehenen Ehre auch ein erkleckliches Sümmchen hängt. Die Ansprache möge enthalten: Den Dankgesang für die erwiesene Ehre; etwas von der Rührung, die man darüber in sich fühlt; sinnige Gedanken, so daß die Zuhörer den Eindruck gewinnen – welch ein gescheiter Mensch, er hat den Preis verdient. Zur Auflockerung sei ein heiterer oder unvermuteter Passus eingearbeitet. Eine Art von geistigem Rösselsprung, der die Lauschenden bei nachlassender Aufmerksamkeit wieder zum Lauschen erweckt. Über den Geldbetrag, der die Nobel-Ehre ergänzt, sollte man sich nicht vordergründig äußern. Die Freude daran sei unbenommen und riesengroß (wie die Summe) – aber innerlich! Der Anstand verlangt es. Keinesfalls darf der Vortrag das Zeitmaß des Erträglichen überschreiten.

Im Falle des soeben ernannten Nobelpreisträgers Thomas Mann war diese Mahnung angebracht. Denn er neigte zum Ausschweif. Außerdem hielt er die von ihm erwartete Rede bei einem Festbankett. Am 10. Dezember 1929 im Stockholmer Grand-Hotel. Die geladenen Gäste befanden sich also in Sicht- und Geruchsweite delikater Speisen, warmer und kalter. Thomas Manns Ansprache muß wohl zur Zufriedenheit ausgefallen sein, denn der Preisträger konnte sich späterhin weder an Mißtöne aus dem Gästechor noch an den eigentlichen Inhalt seines Vortrages erinnern – so sagte er. Doch ein Gedanke, den er damals aufgriff, war ihm gegenwärtig. Der Einfall zählte zur Kategorie »Unvermutetes« im Redeaufbau. Es war die Passage mit dem Lieblingsheiligen! Obwohl Protestant, habe er einen Heiligen, dem er – oder der ihm zugetan sei. Sankt Sebastian. Die Hörergemeinde horchte auf. Weshalb ausgerechnet wählte Thomas Mann diesen Untertan des Kaisers Diocletianus? Tapferer Hauptmann in der Praetorianer-Garde, den Bogenschützen wie ein Sieb durchlöcherten.

In die gespannte Aufmerksamkeit hinein erklärte Thomas Mann: Weil er »unter dem Schmerz des

Pfeilregens in Schönheit lächelte«. Es versteht sich, daß er diese Metapher in einen durchgeistigten Zusammenhang mit der Literatur brachte. Unter Schmerzen in Schönheit lächeln. Über diese feingefügte Denkbrücke konnte nur der Ästhet Thomas Mann gehen.

Nobelpreisträger unter sich

Als sie einander erstmals begegneten, betrachtete sich Thomas Mann noch als »schnurrbärtige uninteressante Persönlichkeit«, während er im anderen, Gerhart Hauptmann, den »Siegreichen« sah. Der Verleger Samuel Fischer vermittelte 1903 die Bekanntschaft. Der Nobelpreis ruhte für beide noch in nebulöser Ferne. Hauptmann stand dem Ereignis schon etwas näher. Ihre Verbindung blieb über Jahrzehnte hinweg bestehen. Sie verdichtete sich zuweilen, rückte auseinander, wankte, schwankte, stürzte auch einmal kräftig ab. Doch sie hielt.

BOZEN. Man besuchte sich. Hauptmanns kamen nach München. Familie Mann reiste nach Hiddensee. Die Ehepaare fuhren im Herbst 1923 nach Bozen. Zwei gemeinsame Wochen boten gute Gelegenheit, sich ein Bild zu machen – einer vom anderen. Katias geübter untrüglicher Blick bemerkte bald bei Gerhart einen besonderen Wesenszug. Hauptmann sei einfach undeutlich, sagte sie, in manchem nicht ganz zulänglich. »Gott ja, er war prachtvoll. Aber er brachte die Sachen nicht ganz heraus, die er sagen wollte.« So etwa hörte es sich an. Hauptmann (monologisch): »Also, ich meine, Krieg? Krieg? Abscheulich! Aber ich muß sagen: Krieg!«

Thomas, der penible Beobachter, erkannte diese kuriose Umständlichkeit ebenfalls. Er registrierte sie. Und ehe Hauptmann sich versah, befand er sich im Kreis der handelnden Personen des Zauberbergs. Als Mynheer Pieter Peeperkorn. Psychologisch verfeinert durch Thomas Manns hohe Kunst des Erzählens. Der Mynheer wäre, so erfährt man im Roman, eine »verwischte Persönlichkeit – eine Persönlichkeit, aber verwischt.« Peeperkorn, alias Gerhart Hauptmann, spricht mit leiser Stimme zu einer kleinen Gesellschaft: »Meine Herrschaften. – Gut. Alles gut. Erledigt. Wollen Sie jedoch ins Auge fassen und nicht – keinen Augenblick – außer acht lassen, daß – Doch über diesen Punkt nichts weiter ...« – »Er hatte nichts gesagt; aber sein Haupt erschien so unzweifelhaft bedeutend, sein Mienen- und Gestenspiel war dermaßen entschieden, eindringlich, ausdrucksvoll gewesen, daß alle ... höchst Wichtiges vernommen zu haben meinten ...« Katia, als sie die Passagen las, betonte, die Schilderung entspreche den Tatsachen.

Hauptmann – eine »verwischte Persönlichkeit«?! Skandalös. Der Ärger folgt auf dem Fuß. Die Verstimmung zog Kreise. Thomas Mann steckte in der Bredouille. Noch versuchte er, sich aus dem Schlamassel herauszuargumentieren. Es mißlang schmählich. Wer GH kannte, erkannte GH im »Kolonial-Holländer« Pieter Peeperkorn. Nun half nichts mehr.

Thomas Mann blieb nur der Weg nach Canossa. Er schrieb einen Brief: »Lieber, großer, verehrter Gerhart Hauptmann ...« Wie eine Katze auf diplomatischen Pfoten streicht er um den heißen Brei des Geschehenen herum; streut sich reichlich Asche aufs Haupt und bittet den »lieben verehrten Mann«, nicht die Freundschaft aufzuheben. »Versagen Sie mir nicht die Hand.« So niedergelegt im April des Jahres 1925.

Man darf nicht erwarten, daß Thomas danach in bangem Zagen seine Tage lebte. Doch etwas mulmig war ihm schon.

Das gute Ende nahte. Im Mai desselben Jahres weilte Familie Hauptmann zu einem Festspiel in München. Da drückten sich GH und TM viele Male die Hände, »und alles ist wieder in der Reihe.« Um jeden Zweifel an der Echtheit der Aussöhnung zu tilgen, schickte Thomas Mann schnell noch hinterher: »Er (Hauptmann) ist ein so gutes Format, ich liebe ihn sehr.« Der symbolische Stein fiel ihm vom Herzen. Denn er achtete Hauptmann als Dramatiker sehr hoch; als Erzähler nicht ganz so hoch (da bin ich der Bessere, dachte er bei sich). Und so währte die Liebe fort und hätte beinahe zu einer Duz-Brüderschaft geführt.

MÜNCHEN. Ein Treffen aus festlichem Anlaß in der bayuvarischen Hauptstadt. Zu üppigem Mahl. Katia vermerkte, daß der »Champagner in Strömen floß« und Gerhart Hauptmann »im besten Zuge und ein bißchen überkandidelt« gewesen sei. Da wandelten ihn leutselige Gefühle an. Er sprach zu Thomas Mann: »Also, Herr Mann – ich meine – wir beide, wir sind doch – wir sind doch Brüder, da könnte man doch – nicht wahr? Kurzum: Genug!« Damit schloß er die Ansprache. Seine »verwischte Persönlichkeit« blieb eben wieder im Diffusen hängen.

ZÜRICH. Emigration, auch unterschiedliche Haltungen zur weltpolitischen Entwicklung, lockerten die Verbindung. Um viele Jahre später, in Zürich, begab sich Nachstehendes: Thomas Mann probierte in einem Haus für chique Herrenmoden Anzüge an. Diese Abteilung befand sich in der ersten Etage. Ein Verkäufer eilte die Treppe herauf, an- und aufgeregt und außer Atem. Zwei Nobelpreisträger beehrten zu gleicher Zeit das Geschäft. »Herr Mann, Herr Mann, wissen Sie, wer unten ist? Herr Gerhart Hauptmann! Möchten Sie ihn sehen?« Thomas Mann: »Ach, da wollen wir vielleicht doch etwas andere Zeiten erwarten.« Überrascht und ein wenig enttäuscht von der Antwort, meinte der Verkäufer: »Genau das hat Herr Hauptmann auch gesagt.«

Ansichtskarten

Thomas Mann äußerte bekennerisch: »Das Repräsentiren macht mir Spaß.« Hinzu kommt: »... hat man Beruf, so wirkt man repräsentativ.« Dies sagte er nicht nur so – dem frönte er auch. Deshalb ließ er sich nicht lange bitten, als man seine schlanke, von intensiver Denkarbeit geprägte Erscheinung auf Ansichtskarten abbilden wollte. Zum Beispiel in voller Größe und gediegen-sportlich gekleidet; am Schreibtisch sitzend, mit Zigarre und feinaufsteigendem Rauch. Auch als Figur in der Landschaft: Rundum nichts als Kurische Nehrung, der Niddener Sommersitz im Hintergrund, Thomas stehend im Vordergrund. Der anwesende Familienrest im Sande gelagert beziehungsweise kompositorisch im Bilde verteilt. Die Photos waren, neben Brot, Butter, Käse, Fisch und dem täglichen Frischeangebot, im Dorfladen von Nidden zu erwerben.

Vielleicht ergatterte man zusätzlich ein Autogramm. Oder traf Katia unterwegs. Oder gar den Herrn Nobelpreisträger, wenn er durch die Natur streifte. Im sportlichen Dress, wie auf den Ansichtskarten. Insgesamt – beste Aussichten für die anreisenden Sommerbadegäste und ihre Sensations-Gelüste.

Stammbuchverse

Der Weimarer Multidenker Goethe und Thomas Mann – Brüder im Geiste. Verquickt und gedanklich verschwägert. Thomas Mann hat den Geheimrat zu fast jedem Stundenschlag, jeder Lebenssituation und Gemütslage, für den kleinen und großen Weltenlauf parat. Goethe geistert durch seine Briefe und Reden und Gespräche.

Thomas Mann versuchte in *Lotte in Weimar* ins Goethesche Innenleben vorzudringen, die feinsten

Regungen, die genialischen wie auch die simplen, zu erspüren. Bei solch tiefschürfender Durchdringung des einen durch den anderen sei die Frage erlaubt: Was hätte Goethe seinem Jünger Mann ins Stammbuch geschrieben? Sofern dieser eines besäße und Goethes Geist einschwebte. Wahrscheinlich doch – in anerkennender Abwandlung seiner faustischen Idee: Wer immer schreibend sich bemüht, den können wir erlösen. Vielleicht auch, um Thomas Manns ausufernde Schweifigkeit beim Erzählen wissend: »In der Beschränkung zeigt sich erst der Meister.«

Wenn er jedoch TM so gut kannte wie dieser ihn, so schriebe er bestimmt: »Ich liebe mir den heitern Mann / Am meisten unter meinen Gästen: / Wer sich nicht selbst zum besten haben kann, / Der ist gewiß nicht von den Besten.«

Untugend

Katia plauderte es aus. Erika führte Beschwerde darüber. Wer hätte derlei geahnt – bei Thomas Manns gentilem Betragen? Und was bewog ihn dazu? Mangel an Zeit? Unlust? Gelangweiltheit? Überdruß? Der häufig aufkommende Gedanke: Was soll der Unsinn? Wie dem auch sei: Er las Briefe nicht zu Ende. Sicherlich traf das nicht für gewichtige Schreiben zu. Wenn sich nun aber jemand große Mühe gab, an den Herrn Nobelpreisträger einen Brief zu verfassen – wegen eigenen Dichterdrangs oder sonstiger Anliegen. Und sich Tage und Stunden

plagte, um in anständigem Deutsch zu schreiben ...
Denn einen berühmten Schriftsteller kann man nicht
einfach so ansprechen: »Werter Herr. Sie haben eine
schöne Geschichte über einen Mann und seinen
Hund gedichtet, könnten Sie mir eine besonders cha-
rakterfeste Hunderasse empfehlen?«

Wenn also dieser Mensch erfährt, daß sein Pam-
phlet nach Lesen von Anrede und drei Sätzen beiseite
gelegt wurde, dann muß ihn das sehr kränken. Und
dieses, verehrter Thomas Mann, ist höchst unfein.
Das sollten Sie eigentlich wissen.

Fauxpas

»Versprecher« vor größerer Zuhörerschaft zu haben,
der Gedanke ist ein Alptraum. Aufregung und
Ungewißheit über die Reaktion des Publikums tun
das Ihrige. Erfordern es die Umstände, Texte in frem-
der Sprache vortragen zu müssen, so potenziert sich
das Unbehagen.

Der erste Band der Josephs-Tetralogie in engli-
scher Sprache war erschienen. Zu diesem Anlaß
hatte der amerikanische Verleger Alfred A. Knopf
Thomas und Katia Mann nach New York eingeladen.
Mister Knopf sorgte für den angenehmen Aufenthalt
des Paares, inklusive Begrüßungsfest. Thomas
Mann, pflichtbewußt und vorausdenkend, bereitete
rechtzeitig eine Rede vor. In Englisch. Dank für den
Empfang, Dank für die Anteilnahme an seinem
Schaffen. Dank für alles. Dank für Mister Knopf.

Weil doch jeder gern am Ende der Ausführungen

etwas Entscheidendes, Gewinnendes sagt, so gipfel-
te auch Thomas Manns Schlußsatz in einer Eloge an
seinen Freund Knopf. »He is not only a publisher, he
is a creature too.« (? ... ?) Heimtücke des Details. Gemeint war: *the creator*. Knopf lachte. Dem Himmel sei
Dank, er hatte Humor.

Übler Geruch

Vorträge, Teilnahme an internationalen Kongressen
führten den Gernreisenden 1936 nach Budapest
und Wien. In der schönen Jahreszeit. TM mochte
Wien. Charme, Kultur, Freunde. – Nach der dortigen
Vortragstätigkeit (*Freud und die Zukunft*) bleibt Muße
für die Musen. Der Wagner-Verehrer strebt in die
Oper. Zu *Tristan und Isolde*. Bruno Walter dirigiert.
Thomas betritt das Haus zum III. Akt. Unangeneh-
mer Geruch schlägt ihm entgegen. Nazianhänger hatten Stinkbomben geworfen.

Trotz alledem – das Orchester hält durch. Isolde,
von Übelkeit befallen, kann sich allerdings nicht
mehr von Tristans Leiche erheben ... Wie auch immer,
meint der Opernbesucher, man muß auch das erlebt
haben, um zu wissen, »wie der Nationalsozialismus
riecht: nach Schweißfüßen in mehrfacher Potenz«.

Im selben Jahr verliert Thomas Mann die deutsche Staatsbürgerschaft. Sein Name erscheint auf der
7. Ausbürgerungsliste im Reichsanzeiger vom 2. Dezember 1936.

Den Vorwurf machte man ihm häufig. Kein Durchfinden; Verlieren in Nebengedanken; immerwährendes Verästeln des geistigen Stranges; vom Hundertsten ins Tausendste geratend ...

Thomas Mann wehrt sich dagegen. Das sei natürlich Unsinn. Erstens neige die deutche Sprache in ihrer Diktion zu dieser Art von längeren Satzbildungen-, und zweitens neige er dazu, seinen Sprachschöpfungen Durchsichtigkeit zu verleihen und Sprechbarkeit, so daß man ohne Beschwer mit ihnen umgehen könne.

»Einmal habe ich mir den Spaß gemacht«, gesteht er ein, »zu Anfang der Josephsgeschichten einen Satz zu schreiben, der sich über anderthalb Druckseiten erstreckt.« Großes Erstaunen. »Wer deutsch versteht, lese sich den Josephssatz nur vor und sehe, ob man dabei ein einziges Mal den Faden verliert.«

Der Leser fühlt sich aufgefordert und holt *Joseph und seine Brüder* aus dem Bücherschrank (oder aus der Bibliothek). Er findet den Satz und nimmt ihn unter die Augen. Bis zur Zeile dreizehn leuchtet Helligkeit durch die Bilderfolge. Dann aber wächst sie zur Überfülle in den nachfolgenden Zeilen – und verdichtet sich. Das Puzzel gewinnt Eigendynamik und läuft in geistige Ferne. Etwas ratlos tastet der Leser nach dem Satzende. Aufatmend erhascht er es.

In der Beschränkung zeigt sich erst der Meister, denkt der Literaturfreund mit Goethen... So könnte man doch Beginn und Ende vereinen und eine Verknappung herbeiführen: »Der junge Joseph ... erblickte in einer südbabylonischen Stadt namens Uru ... den Anfang ... seiner persönlichen Dinge.« Das schafft Klarheit! Und die verbleibenden achtunddreißig Zeilen sind auch nicht wertlos. Sie lassen sich ohne Schwierigkeiten im Gesamtwerk unterbringen.

Die Böcksche Heilmethode

Er hatte doch immer wieder »irgendwas«, der Thomas. Nun setzte ihm der Nervus ischiadicus zu, gab nicht Ruh. Wochenlang. Nichts half. Kein Arzt, keine Therapie, auch nicht die Pharmazie. Auf dem Schreibtisch häufte sich die Arbeit: Die Josephs-Geschichte noch nicht beendet; Lottchen in Weimar im Werden begriffen; und was sich sonst an Wesentlichem und Unwesentlichem dazwischen schob. Dazu nun dieser Dauerschmerz.

Wer von beiden letztlich den glorreichen Gedanken faßte, Katia oder Thomas, ist nicht mehr herauszufinden, auch belanglos in der quälenden Situation. Er wurde gefaßt und ausgeführt! Thomas notierte im Tagebuch: »Massage mit dem elektr. Bügeleisen durch K.« Das erinnert an die Behandlungsmethode der Frau Schneidermeisterin Böck, die ihrem Mann, der durch den bösen Bubenstreich von Max und Moritz in den Bach gefallen war, auf ähnliche Weise wieder aufhalf. Die umsichtige Frau Böck, die ein heißes Bügeleisen auf den kalten Leib ihres Meisters brachte, welches alles wieder gut machte. Ob die

Böcksche Behandlung Thomas Linderung verschaffte, ist nicht überliefert.

Was tun?

T homas Mann überblickt sein Tagwerk und stellt, wie so oft schon, fest, die Anforderungen der Öffentlichkeit lassen ihm zum Dichten keinen Raum.

Die »furchtbare lecture-Tour« – sprich: die vierte Amerikareise – steht bevor. Auch der Prager-PEN-CLUB-Kongreß. Nicht nur freundlich empfangener Gast und wohlgesonnener Zuhörer dieser Zusammenkünfte – Redner und Rufer ist er. Weil die weltpolitische Lage es verlangt. Was tun? »Man ist zu dem Wunsch genötigt, ungeheuer alt zu werden.« Das hofft auch die literarische Gilde samt ihrer Lesergemeinde! Da wäre noch Lotte bei Goethen in Weimar zu beenden. Doktor Faustus naht sich, noch verschwommen und konturenarm, als schwankende Gestalt. Auch Felix Krull, der Schelm, soll endlich zur Welt kommen. Ergo Älterwerden – mit Bedacht.

Schlaf

U m Thomas Manns Schlaf war es zeitweilig nicht gut bestellt. Kamen Malaisen hinzu, wie so häufig der Fall, zerfiel die Nacht in unruhige Stunden, und der nachfolgende Tag versagte den nötigen Elan. Thomas Mann schildert dem Schriftsteller und Erzähler René Schickele den nächtlichen Verlauf. Gegen Mitternacht greife er zu einem Schlafmittel. Das verschaffe ihm gewünschte Ruhe bis drei Uhr in der Frühe. Er müsse nun zwei Schmerztabletten, gelöst in Kamillentee (die Malaise betreffend), zu sich nehmen. Sie brächten Schlaf für weitere zwei Stunden. Doch keine Minute länger. Und dann stünde er da mit dem angebrochenen Vormittag.

Es ist zu verstehen, daß Thomas Mann über den Schlaf nachdachte. Ihn als gütige Gabe pries, als »mildes Bad« für Körper und Geist empfand. Behaglich spricht er von der Wohltat des Einschlafens (ohne Pharmaca!), und verklärt sie poetisch. Eigentlich strebe man tagsüber ohne Unterlaß nur dem Ziele zu, jenen Hain »mit Quellgemurmel und grüner Dämmerung« zu betreten, um dort sinkenden Hauptes, mit »offenen Lippen und selig brechenden Augen« in seinem köstlichen Schatten zu verweilen ...

Voraussetzung dazu ist ein liegefreundliches, der Anatomie des Menschen angeglichenes, nicht knarrendes Bett. Deshalb bewahrt er Ruhelagern, auf denen er über einen gewissen Zeitraum geschlafen habe, »genaue und dankbare Erinnerung«. Er gibt zu bedenken, daß ein Bett als Möbelstück auch mystischen Charakter habe. Geburt, Tod und anderes fänden darin statt.

Im allgemeinen ist dem zuzustimmen. Allerdings vergaß der Dichter in seiner Schlaf-Apotheose ein wichtiges Detail. Auch wenn das gesunkene Haupt bereits im Traume liegt, bedarf der Körperrest einer wärmenden Abdeckung – des Deckbetts oder der Bettdecke oder Zudecke. Sonst öffnet sich nämlich

das selig gebrochene Auge rasch wieder. Thomas
Mann ruhte geborgen und wie gewohnt unter seiner
komfortablen Seiden-Steppdecke. Deshalb lag ihm
wohl der Gedanke an die Gefährdung des nächtlichen
chen Schlafes durch mangelnde Abdeckung fern.

Der Schreibtisch

Die Ansprüche des Herrn Thomas Mann lassen sich
leicht aufzählen: Ein Dach; näher ausgeführt
bedeutet das: Ein Haus, möglichst mit Komfort. Er
sah diesen Wunsch nach verfeinertem Luxus als
durchaus berechtigt an und verteidigte ihn: »Ich
habe ein Recht auf Comfort, zum Donnerwetter, und
wenn ich außerdem noch die Mittel dazu herbeizu-
schaffen weiß, so ist ja Alles in Ordnung.« Bereits
bekannt ist die Steigerung von Thomas Manns
Luxusbegriff durch Wassernähe: »Ich habe die Ver-
einigung des Elementaren mit dem Komfortablen
immer zu schätzen gewußt.« Weitere Forderungen:
Ruhe, Ruhe, Ruhe! Und der Schreibtisch. Er ist
gewissermaßen der Altar, auf dem er seinem literarischen Genie opfert. Hat der große alte, »verläßliche«
Schreibtisch unter einem komfortablen Dach Platz
gefunden – gleichgültig an welchem Ort und auf
welchem Erdteil, dann fühlt sich der Dichter »ange-
kommen«.

Eine Woche nach dem Einzug ins Princetoner
Haus, der »Stocki«, notiert er im Tagebuch: »Höchste Phantastik, die Dinge hier wieder um mich zu

haben. Genaue Wiederherstellung des Schreibtisches, jedes Stück, Medaillen, ägyptischer Diener, genau an seinem Platz wie in Küsnacht u. wie schon in München.« Die »Empire-Leuchter« gehören noch dazu und die Photographien (darunter Katias Porträt-Photo; das Profil einer reifen, schönen Frau). Wie »durch Zauber« sei dies alles geschehen, und er wisse zeitweilig nicht, wo er sich befinde – in München? in Küsnacht? Gleichviel. »Ich bin offensichtlich zuhause, und das ist die Hauptsache.«

Wie der Schreibtisch, so zog auch ein Problem von Lokalität zu Lokalität mit. Die Schreibtisch-Ordnung. Jedes »Sächelchen« auf der Arbeitsplatte beansprucht zentimetergenau seinen angestammten Standort. Veränderung, Verschiebung, Entfernen von Gegenständen lösen eine schwere Krise aus. Thomas wirkt in solchen Augenblicken ziemlich enthemmt. Eines aber bleibt konstant. In der alten wie in der neuen Umgebung senkt sich sanft der Staub auf die »Sächelchen«. Hin und wieder ist Entstaubung vonnöten. Thomas Mann begreift, daß er mit dem alten Schreibtisch auch die alte Plage übernommen hat. Er erklärt dem »schwarzen Diener« John auf Englisch: Er dürfe zwar die Fusselchen entfernen, aber jeder Gegenstand müsse am Platze bleiben – unverrückbar! Vergeblich. John versteht ihn nicht. Der Verständigungsgrad, meint Thomas, gleiche ungefähr dem zwischen der Hausangestellten Marie in München und ihm; zum nämlichen Ärgernis: »... weil sie wirklich nur Münchner Dialekt verstand, wo ich doch Hochdeutsch mit norddeutschem Einschlag spreche.«

Nico ramponiert die Philosophie

Den schwarzen Pudel mit den Othello-Augen schenkte ihm die Psychoanalytikerin und Vereh-rerin seines Werks Caroline Newton. Im Herbst 1939 hielt er Einzug in Thomas Manns Princetoner An-wesen.

Das Pudeltier entstammte französischer Zucht, versetzte seinen Herrn in an- und abflauende Wal-lungen der Gefühle und lag auf seinem Dichterfuß unter dem Schreibtisch. »Er stört mich fürchterlich, aber ich liebte ihn auf den ersten Blick« (wie das eben zu sein pflegt in der Liebe). Seinen Papieren nach, die er als aristokratisches Tier natürlich besaß, hieß er »Gueulard«. Das bedeutet »Brüller«. Alle Familien-mitglieder lehnten den Namen ab – er sei unschick-lich. Deshalb fand eine Umbenennung statt. Man rief ihn »Nico«.

Der schwarze Aristokrat mit langer französischer Ahnentafel ist jung, äußerst empfindsam, reagiert blitzschnell – und benimmt sich flegelhaft. Zuerst lotet er die Machtverhältnisse im neuen Revier aus. Tut, was er will und nicht, was sein Herr will. Als ihm Thomas Manns Erziehungsversuche zu strapa-ziös werden, verläßt er das Haus. Gleich für mehre-re Tage. Doch der Aufenthalt in der Fremde ist nicht rosig. Besonders im Hinblick auf die Versorgungslage. Nico befragt seinen hellen Pudelverstand und kehrt zurück. Verdreckt zwar, aber nicht reumütig. Denn er spürt die allgemeine Freude über seine Wiederkehr. Dem Herrn gegenüber verhält er sich halbwegs loyal. TM, von der Zutraulichkeit milde gestimmt, erlaubt ihm freien Aufenthalt in der Bibliothek, seiner Schreib- und Denkerklause. Nico, der Wißbegierige, durchstöbert die Bestände; beißt sich – wie es seinem Pudelwesen entspricht – an der Philosophie fest. Nun möchte man meinen, er habe es auf seinen Artgenossen in Faustens Studierstube abgesehen, der durch undiszipliniertes Knurren und Jaulen seines Herren Kreise störte. Just den sucht er nicht. Nico zottelt Ernst Cassirer aus dem Regale, das heißt eine seiner Schriften. Er zerlegt Cassirers Philosophie von den symbolischen Formen in ihre Grundeinheiten, zerfleddert und zerkaut sie mit Behagen.

Nico versteht nicht, weshalb Thomas, sein Herr, darüber außer sich gerät, ihn wild beschimpft und aus dem Zimmer jagt. Menschen sind offenbar komische Tiere.

Goethe ohne Ende

Eigentlich wartet man darauf, von Neugier getrieben, ob Thomas Mann seine elterliche Vorgeschichte nicht ebenfalls goethesch aufarbeitet. Wer von sich behauptet, zum Weimarer Meisterklassiker »Verwandtschaftsgefühl, das Bewußtsein ähnlicher

Prägung und eine gewisse mythische Nachfolge« lebhaft in sich zu spüren, der wird dieses Mysterium früher oder später auf seine Vorfahren ausdehnen.

Zumal Thomas Mann den geschätzten Dichterkollegen Adalbert Stifter für sich sprechen läßt: »Ich bin kein Goethe, aber einer von seiner Familie.«

Die Erwartung erfüllt sich. Thomas Mann, Spurengänger Goethes, hat selbstverständlich dessen »Zahme Xenien« zur Hand. Er blättert im 6. Buch derselben, nimmt sich das Geeignete heraus (»Vom Vater hab' ich die Statur,/Des Lebens ernstes Führen,/Vom Mütterchen die Frohnatur/Und Lust zu fabulieren.«) und schiebt die persönliche genetische Struktur hinein. »Mein elterliches Erbe«, gibt er zu wissen, »teilt sich genau nach goethischem Muster ein: Vom Vater die ›Statur‹, oder doch manches davon, und ›des Lebens ernstes Führen‹; vom ›Mütterchen‹ all das, was G. in den Worten ›die Frohnatur‹ und ›die Lust zu fabulieren‹ allgemein symbolisch zusammenfaßt.« – Merkwürdig, im Sinne von »bemerkenswert«, sei auch der Goethe-Kult, dem die Mutter Julia Mann in späteren Jahren huldigte. – Danach gibt es wohl kaum noch Zweifel, daß die verwandtschaftliche Beziehung JWG – TM zu Recht besteht.

Vom Lobe

Wohlgemeinter, begründeter Zuspruch wirkt belebend. Läßt den Thorax schwellen und die Seele lachen. Ermuntert, ermutigt: Zu neuen Ufern lockt der frohe Sinn. Thomas Mann sah die freundliche Zuwendung janusköpfig: »Lob ist eine merkwürdig widerstehsame Speise; sie schmeckt wohl süß, doch hat man schnellstens genug davon.« Einspruch! Man lese nur in seinen Briefen. Randvoll des Lobes sind sie über ihm dargebrachtes Lob. Wahrscheinlich hatte er seinen »kröpeligen« Tag, als er diesen Gedanken faßte.

Glanzleistung

Zu den gehäuften Schwierigkeiten, die Thomas Mann im amerikanischen Exil erwarteten, gehörte, zumindest anfangs, die englische Sprache. Die Gastprofessur, die er in Princeton bekleiden würde, setzte den Vortrag in der Landessprache voraus. Auch hatte Professor »Männ« nicht nur Rede, sondern auch Antwort zu stehen – wohl der kompliziertere Teil im Gedankenaustausch. Erschwerend kam hinzu, daß er, wenn überhaupt, ungern »frei« vortrug. Den Text vor Augen – und man gewinnt an Souveränität! Außerdem begrenzt es die Gefahr, sich labyrinthisch zu verlieren oder der Verlockung des Ausschweifens nachzugeben.

Thomas Manns Sprachkenntnisse in Französisch und Englisch waren mäßig; darüber bestand Einigkeit in der Familie. Erika Mann holt als Nachweis dafür die schulische Mängelanzeige ihres Vaters hervor (einmal erfahren, vergessen Kinder so etwas nie): »Seine Schulleistungen waren ja immer geringfügig gewesen, also sprach er es (Englisch) wirklich nicht gut.« Lobenswert hingegen war der Entschluß des Dreiundsechzigjährigen, auf schnellstem Wege auch in der neuen Sprache zu brillieren.

Doch zuvor mußte man sich behelfen. Vortrag, Rede, Lektion wurden in Deutsch niedergeschrieben, ins Englische übersetzt, danach die Aussprache geübt, und das Ganze wie ein Rollentext gelernt. Vater und Tochter pflegten dabei eine Form der Zusammenarbeit, die sie laufend veränderten und zu hoher Vortragskultur führten.

Es verlief so: Der Zauberer las sein Werk vor. Eri, im Englischen gewandt, hörte zu und verbesserte. Thomas setzte viele kleine phonetische Zeichen in den Text, so daß er am Ende aussah wie eine »närrische Partitur«. Mit dieser trat er vor das Publikum, legte sie fein säuberlich auf das Rednerpult und begann. Sein Auge umfaßte die Menge, die er sodann mit wohltönender Stimme einfing. Er schaute zwar ins Manuskript, »blickte aber immer wieder lebhaft auf«. So entstand der Eindruck, daß Thomas Mann den Kopf nur aus Bescheidenheit senkte.

Bei »lecture-Tours« folgte nach dem Vortrag stets die Fragestunde. Sie bereitete Thomas Sorgen. Das Publikum wünschte auf spontane Fragen natürlich spontane Antworten. Das bewährte Vater-Tochter-Team umsegelte mit Bravour auch diese Klippe. Eri und der Zauberer wechselten die Plätze. Vom Rednerpult aus bat Erika Mann die Gäste um »questions«. Die werde sie dem Dichter überbringen und seine »answers« rückübersetzen. Da sich aber die Fragen ähnelten, waren ihr die Erwiderungen des Vaters im voraus bekannt. Doch trat sie, wie angekündigt, zu Thomas. Die beiden hielten ihr »Gewisper«. Ein Kabinett-Stückchen, das ihnen sichtlich Spaß machte. Dann gab Erika dem Fragesteller ernsthaft und distinguiert Antwort. Es war jedesmal »eine sehr lustige Sache«, die zur Zufriedenheit aller endete.

Der englische Zoll und Goethes Tischordnung

Im Sommer 1939 verdichteten sich die Kriegswolken über Europa. Thomas Mann, tschechischer Staatsbürger, wohnhaft in Princeton, USA, erhielt die Einladung zum Internationalen PEN-CLUB-Kongreß in Schweden. Er sagte Teilnahme und Referat (*Problem der Freiheit*) zu. Unter den gegebenen Umständen erschien eine Reise in die Alte Welt nicht ohne Gefahr. Doch man trat sie an. Während des Aufenthaltes von Thomas, Katia und Erika Mann in Stockholm brach am 1. September der Krieg aus. Die baldmögliche Rückkehr nach Amerika war geboten. Es gelang, Flugkarten nach England zu erhalten.

Wo und unter welchen Umständen er sich auch immer aufhielt – TM arbeitete. Derzeit an einer Novelle. Als solche begonnen und als Roman beendet. *Lotte in Weimar*. So befand Thomas sich zwar in Stockholm, recht eigentlich aber in Goethes Weimarer Hausstand am Frauenplan. Man flog also zu dritt nach London. Der englische Zoll, gewissermaßen in Alarmbereitschaft, mißtraute jedem Ausländer. Auch wenn er Thomas Mann hieß. Strenge Gepäckkontrolle von Koffern und Taschen. Die Zöllner fanden einen ominösen Plan! Das Sicherheitssystem funktionierte. Schubfach »Spionage« blinkerte rot. Was aber konnte das nur für ein Plan sein, den man bei Thomas Mann entdeckte? Die Goethesche Tischordnung für den Besuch von Charlotte Kestner, Werthers Lotte. Thomas hatte sie aufgezeichnet. Es bedurfte einer langen Diskussion – Erika Mann führte sie, um klarzustellen, daß dieses hochnotpeinliche Dokument eine klassische Sitzordnung und nicht die Strategie zur Liquidierung Großbritanniens darstellte.

Herr Einstein

Zum ausgedehnten Emigranten-Bekannten-Freundeskreis der Familie Mann in Princeton gehörte neben Bruno Walter, Franz Werfel, Max Reinhardt und weiteren auch Albert Einstein. Man sah sich öfter. Die freundlich-kritische Katia beschrieb ihn vortefflich: Sympathisch – aber nicht besonders anregend; liebenswert – doch ein sehr einseitiges Genie; außergewöhnlich begabt – im Umgang jedoch wenig beeindruckend. Und was seinen politischen Überblick anging, so war es damit nicht weit her.

Kurz zusammengefaßt: Wer sich als überragende wissenschaftliche Persönlichkeit erweist, muß nicht schlüssig eine auffallende Person sein.

Abrechnung

Im Oktober 1940 begannen Thomas Manns monatliche Radiosendungen »Deutsche Hörer!« Botschaften, die er an das kranke, vom Nationalsozialismus heimgesuchte Land übermittelte. Vermochte er gegen den blindwütigen Geist etwas auszurichten? Nahm man ihn wahr? Ja, man hörte seinen Ruf. Nachrichten aus der Schweiz und aus Prag bestätigten es. Wo aber blieben die Deutschen? Vor allem an sie richtete er seine Appelle. Sie wollte er zum Nachdenken bewegen.

Mehrere Monate blieb Thomas Mann darüber im unklaren. Dann erreichte ihn das Echo. Auf Umwegen. Es schallte um so lauter. »Little Adolf«, erfuhr er, habe sich in einer Ansprache ereifert und gegeifert gegen ihn und seine über Funk ausgestrahlte Weihnachtsbotschaft. Er hat es dem »ruchlos Besessenen« aber auch besorgt, diesem »obskuren Tunichtgut und kümmerlichen Geschichtsschwindler«. Den deutschen Hörern redete Thomas Mann ins Gewissen: »Die Weihnachtskerzen brennen. Ich möchte euch fragen, wie euch in ihrem Lichte die Taten vorkommen, die eure Führer euch als Nation ... haben begehen lassen, ... an denen sie euch geflissentlich mitschuldig gemacht haben ...«

Thomas Mann hatte den Pfeil aufgelegt – und den Richtigen verwundet. »Little Adolfs« Reaktion bewies es.

Ermutigung

Man hat viele Fragen an Thomas Mann. Wie sein täglicher Arbeitsrhythmus verläuft. Ob er Manuskripte mit der Hand schreibt, oder ob er sie diktiert. Welche Tagesproduktion er im Durchschnitt bewältigt. Wie das Quellenstudium betrieben wird. In welcher Weise Jahreszeiten, Wetter, Stimmungen auf das Schreiben Einfluß nehmen. Und ähnliches. Thomas Mann gibt bereitwillig, geduldig, genau darüber Auskunft. Die letzte gestellte Frage – was denn das »eigentliche Ziel« seiner Arbeit sei – bringt ihn etwas in Verlegenheit. »Sie ist am schwersten zu beantworten«, entgegnet er. Und nach einigem Zögern: »Ich sage einfach: Freude.«

Sprachverfall

Ein Beitrag in der Zeitschrift »Maß und Wert« hat es Thomas Mann angetan. Er liest ihn gleicherweise »erfreut und erschüttert«. Es handelt sich um den Nachdruck einer Schrift von Friedrich von Gentz, des Publizisten und Politikers. In der Vorrede zur 2. Auflage seines kritischen Werkes *Fragmente aus der Geschichte des politischen Gleichgewichts von Europa*, 1806, findet Thomas Mann so viele Parallelen zur Gegenwart, daß er meint, fortwährend Wendungen anstreichen zu müssen: Seht her, es kehrt alles wieder. Oder anders gedacht; es ändert sich wenig – wenn schon, dann nur zögerlich.

Was Thomas beim Lesen jedoch höchlich erstaunt, drängt er in einen Ausruf: »Und ein Deutsch schrieb man damals noch –!«

Charlotte Kestner stellt Fragen

Meldet sich doch eines Tages Charlotte Kestner bei Thomas Mann. Persönlich. Das heißt brieflich-persönlich. Und Fräulein Kestner ist wahr und wahrhaftig Werthers Lottes Ur-Ur-Enkelin. Sie bittet Thomas Mann um einige Auskünfte zu Mannscher Phantasie und Wirklichkeit, zu Dichtung und Wahrheit in seinem Roman *Lotte in Weimar*. Überrascht, erfreut ob dieser Konstellation, hält Thomas dem »Sehr verehrten Fräulein Kestner« – und er tut es mit Vergnügen – einen kleinen Vortrag:

Es stimmt, daß die Hofrätin Kestner, geborene Buff aus Hannover (ihre Ur-Ur-Großmama) am 22. September 1816 in Weimar eintraf, um ihre Verwandtschaft Ridel zu besuchen (natürlich auch Goethen). Es stimmt nicht, daß sie im Gasthof zum Elephanten abstieg. Sie wohnte an der Esplanade beim Kammerbeamten Cornelius Johann Rudolph Ridel, der ihre Schwester Amalie Buff geehelicht hatte. Es stimmt ebenso wenig, daß Charlotte dem ehemaligen Verehrer Goethe ein Billet zum Frauenplan schickte. Es stimmt, wenn von einem Kopfzittern Charlottens die Rede ist, welches sie bei Erregtheit befiel (Thomas Mann hatte es bei der Witwe Schiller nachgelesen). Es stimmt zum Teil: Die Mittagstafel bei Goethe. Sie fand statt, aber nur im engsten Kreise: »Mittags Ridels und Madame Kestner aus Hannover.« So könne man aus Goethes Tagebuch unter dem 25. September erfahren. Die sechzehn geladenen Personen, die er, Thomas Mann um den

Tisch gruppierte, stimmten hinwiederum nicht. In Lottes Begleitung befand sich wohl eine ihrer Töchter, doch nicht die ältere Charlotte, sondern die jüngere Clara.

Und nun das weiße Kleid! »Das Volpertshausener Ballkleid mit der ausgesparten rosa Schleife«, welches Werthers Lotte dereinst getragen hatte. Weiß gekleidet erschien die Hofrätin Kestner wirklich in Weimar. Die Witwe Schiller hatte auch dieses, wie das Kopfwackeln, ausgeplaudert und sich mokiert über Charlottens jugendhafte Garderobe (Lotte stand damals im 63. Lebensjahr). Ja – und die rosa Schleifen ... die habe er dem Kleid eigenmächtig angeheftet. Man solle ihm verzeihen. Die Schleifen, verehrter Thomas Mann, mögen sie auch zu den historischen Ungenaugkeiten gehören – so sind sie doch eine reizende Zugabe. Insbesondere die fehlende.

Das erlauchte Kleidungsstück

Der Dichter ließ sich gern beschenken. Noch als älterer Herr empfand er darüber ähnliche Freude wie in den Kindertagen. Die Ansprüche lagen nun verständlicherweise auf etwas höher subtilerer Ebene. Man kannte seinen erlesenen Geschmack und versuchte, ihn in gehobenen Sphären zu befriedigen. Die Ideen dazu bewegten sich freilich nicht mehr im Rahmen von »Theaterbillets« (es sei denn, zu einer Aufführung von Tristan und Isolde in der Metropolitan Opera), von »Suppenkarten« (vielleicht als kulinarische Festbankette in Paris, Washington, Amsterdam), von »Wäschestücken« (allenfalls in Form von Taschentüchern aus »›Königsleinen‹, wie die Leute von Keme den köstlichen, durchsichtigen Stoff nannten«). Einer solchen veredelnden Wandlung schien ein Geschenk entsprossen zu sein, das Thomas auf dem Weihnachtsgabentisch fand. Es glänzte, glitzerte, szintilierte und war – ein Schlafrock aus Brokat; »von gehaltener und würdiger Pracht; ein erlauchtes Kleidungsstück.« Morgenländische Gewandung. Kalifenhabit. Erzväterliche Festbekleidung. Allerdings sei zu befürchten, überlegte der Beschenkte, daß die Hotelrechnungen steigen würden, sähe man ihn auf Reisen in dieser Nobel-Robe, in diesem fürstlichen Morgen- und Abendrock. Eines aber stünde fest: »Richard Wagner wäre vor Neid erblaßt bei seinem Anblick.« In dem Falle sollte Thomas tunlichst Stolzings Arie aus den *Meistersingern* pfeifen: »Morgendlich leuchtend in rosigem Schein ...« Richard gewänne schnell wieder an Farbe.

Stichelei

Sympathie empfanden sie nicht unbedingt füreinander, Thomas Mann und Bertolt Brecht. Gelegentlich kam es in Kalifornien, während der Exilzeit, zu Begegnungen. Sie respektieren sich. Allerdings jeder hinter seinem Zaun bissiger Ironie verharrend. TM las ein Brechtsches Stück und äußerte: Das »Scheusal« habe ja Talent, erstaunlich! BB erfuhr's und parierte: TMs Kurzgeschichten hätten ihm eigentlich immer recht gut gefallen ... Eine meisterlich-herbe Schmeichelei gegen die andere.

Amerikanische Staatsbürgerschaft

So einfach ist es nicht, Bürger der Vereinigten Staaten zu werden. Heutzutage nicht und dermaleinst ebensowenig. Thomas und Katia Mann erhielten die amerikanische Staatsbürgerschaft im Januar 1944. Sie hatten sich zuvor einem strengen Examen zu unterziehen. Das wiederum verlangte eine ernsthafte Vorbereitung. Unter anderem waren Kenntnisse über Gesetzgebung, Aufbau der Regierung, Verwaltung der einzelnen Staaten nachzuweisen. Katia hatte den soliden Überblick. Thomas verstand sich in Zweifelsfällen besser aufs Heraus- und Drumherumreden. Auch beherrschte er die Umgangsformen der Diplomatie. Der Dame, die ihn prüfte, schrieb er eine freundlich-poetische Widmung in ihr Exemplar der *Buddenbrooks*. Daraufhin wünschte der Richter Ähnliches. Thomas und Katia bestanden beide die Befragung. Jeder auf seine Art.

Von Agnes eine Jacke

Miss Meyer, Agnes Elizabeth, Journalistin, Schriftstellerin, politisch und sozialpolitisch engagiert, verheiratet mit Eugene M., Politiker, ehemaliger Weltbankpräsident, Herausgeber der »Washington Post« und – wie zu erwarten – begütert, über weitreichende Beziehungen verfügend. Die hochgebildete Agnes wechselte mit Thomas Mann, den sie leidenschaftlich verehrte, viele Briefe. Sie kannte seinen Hang zur Eleganz und beschenkte ihn großzügig. Sie ließ ihrem »Tonio« eine Jacke schneidern. Nicht irgendeine, sondern der Abendrobe Arturo Toscaninis nachempfunden, wie er sie zum Empfang nach einem seiner Konzerte getragen hatte. Dazu als nobles Accessoire ein weißseiden Tüchlein für den Ausschnitt. Das toscaninische Abglanzstück erregte zuerst Thomas Manns Freude ... sodann seinen Schmerz. Er verlieh ihm Ausdruck: »Es ist zum Heulen!« Die Jacke war nämlich zu eng geraten. Stand Agnes eine schlankerer Tonio vor Augen? Hatte er inzwischen zugelegt? Wer weiß.

PS.: Höflich sei übergangen, daß Thomas Mann am 3. März 1942 in seinem Tagebuch Agnes E. Meyer als »beschwerliche Geist-Pute in Washington« beschrieb. Aber da hatte er die Jacke noch nicht. Und Agnes wußte von nichts und war unbefangen.

Straßenname

Das umfängliche Werk des Dichters greift Raum. Es ist an der Zeit, ihm Kränze zu flechten, die nicht so schnell welken. Die Stadt Dresden beschließt, Thomas Mann öffentlich und bleibend zu würdigen. Eine Straße soll seinen Namen tragen. Er überlegt, »was für ein verschüttet Gäßchen in Dresden es wohl sein mag«. Bestimmt nicht von besonderer Attraktivität. Irrtum, Herr Professor! Sie befinden sich in guter Gesellschaft. Ihnen benachbart haben Ricarda Huch und Theodor Storm ihre Straßen. Und der Stadtteil Leubnitz-Neuostra – das sei nachdrücklich betont – ist auch eine schöne Gegend!

Gefahr der Dummheit

Der Goethe-Liebhaber Thomas Mann entdeckte stets neue Denksprüche des klassischen Obermeisters; erfüllt von tiefer Wahrheit – und allgemeingültig. Sie regten ihn an. Er fand dafür enthusiastische Worte. Ein Satz aus Goethes *Wilhelm Meisters Lehrjahre* erschien ihm für die gegenwärtige Weltlage (die Gegenwart von 1948) so zutreffend, daß er ihn einem Bekannten sofort mitteilte: »Das Menschenpack fürchtet sich vor nichts mehr als vor dem Verstande; vor der *Dummheit* sollten sie sich fürchten, wenn sie begriffen, was fürchterlich ist.« Thomas Manns Zustimmung glich einer Kurzhymne: »Prachtvoller Satz. Glänzend! Erschöpfend!« Dem ist beizupflichten. Aber diese Einsicht konnte auch schon vor Jahrhunderten dem Übel nicht abhelfen.

Der Sekretär

Alles, was Thomas Mann schrieb, schrieb er mit der Hand. »Manuskript« – hier trifft's den Sinn des Wortes. Den weiteren Bearbeitungsgang übernahm der zeitweilig eingestellte Sekretär (männlich oder weiblich). Auch Familienmitglieder halfen weitgehend mit. Das Arbeitspensum war beachtlich, die Korrespondenz umfangreich. In Zeiten ohne Sekretär (weder männlich noch weiblich) mußten Alternativen her. Eine hieß Homer Smith. Eine fleißige Person mit Durch- und Überblick. Auch gelang es ihr problemlos, Thomas Manns schwer lesbare Schrift zu entziffern. Bei Bearbeitung von Anfragen, Rückfragen, Briefen zeigte Homer Smith Sicherheit und taktische Begabung. »Für-die-Richtigkeit-der-Abschrift« zeichnete er ordnungsgemäß mit: Homer Smith.

Thomas Mann konnte sich keine bessere Alternative wünschen als diesen gewandten Pfiffikus – seine Vertraute und Tochter Erika Julia Hedwig Mann, alias Homer Smith.

Es blieb nicht aus, daß man am Telefon nach Mister Homer fragte. Wer bitte? Ach so, Ja ... Ja! Der hat augenblicklich Urlaub. Bitte melden Sie sich zu einem späteren Zeitpunkt wieder.

Komik des Augenblicks

Thomas Mann erzählte, unlängst wäre in der »Los Angeles Times« ein Beitrag über ihn erschienen. Mit Aufnahmen von Haus und Garten in Kalifornen und Diversem aus seinem Leben. Darunter auch folgender Hinweis: »Trotz seines Alters und hohen Ansehens muß er (Thomas Mann) für seinen Lebensunterhalt arbeiten.« Ein Herr aus dem weiteren Bekanntenkreis hörte davon, erboste sich darüber und verkündete, umgehend müsse eine Sammlung eingeleitet werden, damit der berühmte Dichter endlich in den verdienten Ruhestand gehen könne. Thomas sagte abschließend: »Die Komik ist doch das Beste auf der Welt! Sie wird mir mit den Jahren immer teuerer.«

Faustus gebiert Felix Krull

Wie das »Läben« so spielt. Nicht jede Neuerscheinung wird sogleich die Welt erobern. Das gilt für *Doktor Faustus*. Zumal der von allegorischer Tiefe durchzogene Roman und des Dichters »Schmerzensbuch« nicht so leicht und obenhin zu lesen ist. Thomas Mann weiß darum. In einer Mischung aus Ärger, Verdruß und Trübsinn lamentiert er über das Echo in der amerikanischen Presse. Keineswegs möchte er, wie geschehen, als grüblerischer, in düsteren Gedanken wühlender Philosoph angesehen werden. Das nicht! Bleibe er also bei Kräften, dann wolle er dieser Clique einen »Felix Krull hinlegen«, der ihnen die Sprache verschlägt.

Thomas Mann blieb bei Kräften. Die *Bekenntnisse des Hochstaplers Felix Krull* erschienen. Den Autor plagten, wie immer, Zweifel. Er verlasse Haus und Garten nicht mehr, legte er fest, wenn sich das Buch als Fehlschlag erweise. Doch das »Schelmenbuch« wurde sofort ein großer Erfolg. Zu Thomas Manns Verwunderung.

Umgang mit Verlegern

Ein Roman ist zu gutem Ende geschrieben. In Thomas Manns bekannter, beharrlicher Manier. Der Weg bis zur buchfertigen Gestaltannahme ist lang und steinig. Verleger, die Barrieren auf diesem holperigen Pfade, unterscheiden sich nur wenig vom unberechenbaren Verhalten ihrer Autoren. Doch sie ebnen die Straße, auf der jeder Schreiber gern wandeln möchte. Thomas Mann, in diesem Vabanquespiel zuweilen leidgeprüft, aber nunmehr geübt, kennt die Grundregeln. Er gibt sie bereitwillig an Unbedarfte weiter.

Erstens: Der Verleger ist eine »Gottheit«.

Zweitens: Man darf sich dem Bewohner des Olymps nur mit dem »Ausdruck demütigen Entzückens« nähern.

Drittens: Dieses Auftreten ist beizubehalten, auch bei Beschimpfung oder Verriß des eingebrachten Manuskriptes. Denn viertens könnte sich die Gelegenheit ergeben, die Gottheit erneut aufzusuchen, aufsuchen zu müssen, zu wollen. – Wer diese Überlegungen nicht beachtet, der bleibt im Startloch seines Strebens stecken.

Goethejahr

Die Vorbereitungen zum Goethe-Jubiläum 1949 beunruhigten Thomas Mann in mehrerlei Hinsicht. Es war das erste Wiedersehen mit Deutschland nach Ausbürgerung und Krieg. Man hatte ihn gebeten, Festvorträge zu übernehmen – und das in einem zonal aufgeteilten Land. Welcher der Städte, die für den Goethe-Jubel zu Gebote standen, gab er den Vorzug? Frankfurt am Main? Weimar? Diese Entscheidung traf Thomas Mann sehr rasch: Beide Städte werde er besuchen, denn er kenne nur ein Deutschland. Nun wußte man Bescheid, nahm's hin im alten Vaterlande, wenn auch zum Teil grollend.

Kopfzerbrechen bereitete Thomas Mann die Rede für den Jubilar. Bereits Monate davor umgab er sich mit der erforderlichen Literatur. Es war ihm »angst und bange« zumute, wie er noch einmal etwas »über den Alten zusammenkratzen soll.« Vielleicht »Goethe and Democracy«?, fragte er sich und seine Vertrauten. So hieß dann auch nach längerem Abwägen die Thematik des Vortrages. »Old Goethe« äußerte der Dichter salopp, mache ihm zu schaffen. Das Werk gelang natürlich ... »Es ist halt der obligate Vortrag, olle Kamellen im Wesentlichen, mit etwas neuer Zutat.«

Anmerkung in eigener Sache: Thomas Mann hielt im August 1949 seinen Festvortrag in Weimar. Ich hörte ihm – von der Schule abgeordnet – andächtig zu. Verstand wenig davon, hatte aber, so war mir auferlegt worden, einen Bericht darüber anzufertigen. Hätte ich damals nur die Ahnung einer Ahnung gehabt, mit welcher Nonchalance TM seine Ausführungen behandelte, so wäre meine Besprechung bündiger ausgefallen: Olle Kamellen mit etwas neuer Zutat.

Die Tage in Frankfurt am Main verliefen festlich, anregend, doch auch problematisch. Als TM seine hehren Gedanken über Goethe in der Paulskirche am 25. Juli vortrug, sagte er beiläufig, aber nachdrücklich: »... wie Sie wissen, werde ich von hier aus nach

Weimar fahren.« Pikiertes Getuschel im Publikum: »Ja, ist er denn ein Kommunist?«

Man war nicht angetan von der Reise des Schriftstellers in die deutsche »Ostzone«. Vom Konsulat in Frankfurt erfuhr das Ehepaar Mann: Es bestünden zwar keinerlei Rechte, amerikanischen Staatsbürgern den Besuch in Weimar zu verbieten, aber er würde ungern gesehen. Katia nahm die Ermahnung locker: »Na, dann werden Sie es eben ungern sehen. Was weiter!«

Mützen-Fan

Unter den vielen Bewunderern, die Thomas Manns Weimarer Besuch zur Goethefeier begleiteten, befand sich ein Verehrer, dem der weithergereiste Schriftsteller auf eigene Art imponierte. Herr Sander, so hieß er, kannte ohne Zweifel Thomas Manns Romane und Erzählungen und wußte über dessen Leben Bescheid. Doch eines stand über allem. Dagegen kamen weder *Lotte in Weimar* noch *Doktor Faustus* an: Thomas Manns gediegen-keck auf dem Denkerhaupt sitzende Sportmütze. Herr S. faßte sich ein Herz und schrieb dem Berühmten nach Kalifornien. Der höfliche TM antwortete. Zum Gebrauch seiner Mütze nur soviel: Er trage sie gern bei Wind und im offenen Auto. Den Wunsch des Briefschreibers, ihm auch eine solche Kopfbedeckung zu besorgen, halte er allerdings für ein »etwas überoriginelles« Ansinnen. Er sähe keinen Grund, es zu befriedigen.

Von Herrn Sanders weiterem Vorgehen hinsichtlich der Literaten-Mütze ist nichts bekannt. Man darf vermuten, daß er sich durch den Besitz eines Literaten-Briefes angemessen entschädigt fühlte.

Zuviel des Guten

Im Goethe-Jahr 1949 begegnete Thomas Mann erstmals – nach langen, langen Jahren – Deutschland und den Deutschen wieder. Ihn erwarteten Festansprachen und Ehrungen zuhauf. Goethepreis der Stadt Frankfurt am Main, Nationalpreis der DDR, Ehrenbürgerschaft der Stadt Weimar. Das Erlebte, Gesehene, Erfahrene mußte verarbeitet werden und hatte Nachklang.

Der Oberbürgermeister von Frankfurt, Walter Kolb, übersandte Thomas Mann, wie versprochen, die gedruckten Reden, die beim Festakt in der Paulskirche gehalten worden waren. TM bedankte sich herzlich und ausführlich. Er habe die Texte, die ihn an das außergewöhnliche Ereignis erinnerten, mit Bewunderung und Rührung gelesen. Und die Rede des Herrn Oberbürgermeisters (sie galt Thomas Mann) fand er »vorzüglich«. Sie muß es wohl gewesen sein. Denn in einem »unfreundlichen Brief«, den er erhielt, vermutete man, nicht Herr Kolb, sondern Herr Mann selbst habe sie verfaßt ... (Er fühlt sich sehr ergetzt – man hat ihn überschätzt.)

Bekenntnis

Heiterkeit nahm er ernst. In fortschreitendem Maße. Thomas Mann dachte dabei nicht vordergründig an Lustigkeit und ihre Spielarten (gegen sie hatte er nichts einzuwenden). Ihm stand Edleres vor Augen. Die »höhere Heiterkeit« hielt er für erstrebenswert. Eine Gelöstheit – von geistigen Genüssen durchzogen und phantasiegetränkt. Wohltuender Zustand und erprobte Gegenwehr bei unerwünschten Einflüssen wie Hast, Bedrängnis, kleinlichem »Gejökel«.

Thomas Manns »höhere Heiterkeit«, man durchschaut es, ist eine Beigabe der Weisheit. Und diese verlangt ernsthaftes Bemühen. Nun wird aber die Heiterkeit gemeinhin nicht als etwas Ernsthaftes betrachtet. Und demzufolge ihre ausgleichende Wirkung verkannt. Thomas Mann schafft Abhilfe.

Er nimmt seine wertvolle Erfahrung werbend in ein Bekennerschreiben von großer Reichweite auf. Es heißt *Bekenntnis zur westlichen Welt*. Darin schreibt er: »All mein Tun und Streben, all meine Bücher und Schriften und all mein Sein erweisen mich als unablässig bemüht, nach meinen Kräften beizutragen zum großen kulturellen Erbe des Westens: ein wenig mehr Freude, Erkenntnis und höhere Heiterkeit zu verbreiten unter meinen Mitmenschen, ihnen so zu dienen und so meine Existenz zu rechtfertigen durch mein Werk.«

Schmeichelei

Nach dem Erscheinen des Romans *Doktor Faustus* fallen die Besprechungen widersprüchlich aus. Die Journale veranstalten ein Wechselbad aus Ablehnung und Zustimmung. Thomas Manns sensibles Wesen wird arg gebeutelt. Von einem Beitrag aber fühlt sich der Autor nachgeradezu gerührt. Ernest Newman, ein bekannter englischer Schriftsteller und Musikkritiker, schreibt in der Londoner »Sunday Times«, dem Werk wohne »Goethesche Kraft« inne.

Dieser schmeichelhafte Vergleich richtet TM wieder auf.

Der Korrektor
Oder: Die Last, Kind eines berühmten Schreibers zu sein.

Monika Mann, Thomas Manns mittlere Tochter, legte dem Vater ein eigenes Werk vor (*Gedanken am Fenster*). Beklommen, was der Herr Papa dazu sagen werde. Bei schreibenden Vätern weiß man nie ... Prompt hat er zu kritteln. Ja – es sei ein »lyrisches Stückchen«, fein, von Reiz, doch »etwas dünn«. Er kenne das von ihr; einmal träfe sie den Ausdruck, ein anderes Mal ginge er völlig daneben. Die Präambel sei zu gewichtig – das Nachfolgende zu leicht. Manche Beschreibungen wären ungenau oder gar falsch. Quecksilber, zum Beispiel, bilde beim Zerspringen eines Thermometers keine »Pfütze«. Kügelchen wären das, Kügelchen!, die zusammenlaufen. Und dann etwas Grundsätzliches: Es hapere bei ihr mit Rechtschreibung und Grammatik. Fror (von frieren) schreibe man nicht mit »h«. Es heiße auch nicht »beschwörte«, sondern »beschwor«. Doch solle Monika ihre Arbeit trotzdem einreichen. »Wenn es nicht ganz Poesie geworden ist, so ist es doch nahe daran, was schon viel ist.« Na, das wird die Verfasserin aber beschwingt haben! ...

Noch ein Fauxpas

Als man die französische Ausgabe des *Doktor Faustus* herausbrachte, erwarteten Thomas Mann in Paris anstrengende Stunden. Empfang im »Ritz« – zum Büchersignieren, das den Nachmittag in An-spruch nahm, auf der Straße warteten die Interessierten geduldig in langer Schlange. Und anschließend zur Sorbonne. Dort sollte er einen Vortrag halten. Wiederum war der Andrang ungewöhnlich groß. Man mußte in das »Amphitheater« der Universität umziehen. Der französische Schriftsteller, Dramatiker und Lyriker Jules Romains eröffnete die Veranstaltung. Die ehrenden Worte des bekannten Kollegen erfreuten Thomas Mann. Er möchte ihm danken. Doch Empfang, Presse, Signieren hatten inzwischen beachtlich an seiner Konzentrationsfähigkeit gezehrt. Der Lapsus folgte. Der Dichter setzte zur Dankeshymne an, hatte auch klug gewählte Worte auf der Zunge, aber ... er richtete sie nicht an Jules Romains, sondern an Romain Rolland! Der zählte natürlich ebenfalls zur Schreiberelite, doch weilte er nicht mehr unter den Lebenden. Jules Romains nahm's heiter. Auf der Galerie amüsierte man sich köstlich. Und der Vortragende war untröstlich.

C'est ca la vie!

Das liebe Fräulein Edith

Das oben genannte Fräulein schrieb TM einen Brief; »allerliebst konfus« und recht vage, wie er befand. Deshalb – wegen des Mangels an Konkretem – sei es schwierig, darauf zu antworten. Er werde es trotzdem versuchen.

Zunächst dankte er Fräulein Edith für das ihm geschenkte Vertrauen. Er sei schließlich ein alter Mann und auch nicht besonders schön. Wie weit ihr Vertrauen reiche, ersehe er daraus, daß sie ihn mit »Du« anrede. Er würde es ebenfalls tun, aber er wäre zu schüchtern. Sie habe ihm mitgeteilt, sie sei eine schöne Frau und wolle Schauspielerin werden. Ja, wie solle er darüber urteilen? Eines wisse er bestimmt, Schönheit allein genüge dazu nicht. In ihrem Schreiben spüre er jedoch ein »draufgängerisches Naturell und Theaterblut«. Aus diesem Grunde sei er geneigt, an ihr Talent zu glauben.

Das Fräulein vermutet – ziemlich am Schluß ihrer Anfrage – daß Thomas Mann »sowas« wie ihren Brief schrecklich viel bekäme. TM schreibt zurück: »Schrecklich viel bekomme ich schon. Aber ›sowas‹ ist selten.«

Lob der Torheit

Wozu Erasmus von Rotterdam achtundsechzig Buchkapitel benötigte, um den Nachweis zu führen – da genügte Thomas Mann ein Satz: »Auch die Dummheit ist schön, wenn sie vollkommen ist.«

Insellektüre

Von einem interessierten Herrn erhält Thomas Mann, aus gegebenem Anlaß, eine Anfrage: Was er denn auf eine einsame Insel an Büchern mitzunehmen gedenke. Da kämen, antwortet dieser, in die engere Wahl: *Väter und Söhne* (Iwan Turgenjew), Goethes *Faust*; etwas von Dostojewski – *Die Brüder Karamasow* oder *Die Dämonen*. Tolstois *Krieg und Frieden*. Ein Band von Adalbert Stifter – vielleicht *Die bunten Steine*. Und aus der französischen Literatur wahrscheinlich noch *L' Education sentimentale* (Gustave Flaubert: *Erziehung der Gefühle*).

In der Eile vergaß der Befragte natürlich das wichtigste Werk. Dasjenige mit dem längsten Titel, aber dem größten Nutzen für ein Inseldasein: *The Life and Strange Surprising Adventures of Robinson Crusoe of York, Mariner*.

Harsche Kritik

Als Thomas Manns Roman *Der Erwählte* auf den Büchermarkt kam, war viel Zustimmung, war auch viel Ablehnung. *Gregorius*, das mittelalterliche Versopus des Hartmann von Aue, bot den Stoff zum *Erwählten*. Kurzgefaßter Hergang: Bruder und

Schwester in Liebesbeziehung; das gezeugte Kind wird außer Landes gegeben, kehrt als Ritter zurück. Ehelicht unwissend die eigene Mutter und steigt später zum Papst auf. Hartmann von Aue, empfindsamer Sprachkünstler und Reimer, mußte Thomas Mann für sich einnehmen. So entstand *Der Erwählte*. Sprachlich – ein Kunstwerk, sinnlich – ein Genuß. Man höre nur aus dem ersten Kapitel: »Glockenschall, Glockenschwall supra urbem, über der ganzen Stadt, in ihren von Klang überfüllten Lüften! Glocken, Glocken, sie schwingen und schaukeln, wogen und wiegen ausholend an ihren Balken, in ihren Stühlen, hundertstimmig in babylonischem Durcheinander ...«

Und was vermeldet die ablehnende Presse? Thomas Mann betreibe »Sprachverhunzung« und sei von »Greisenlüsternheit« befallen. Man darf allenfalls vermuten, daß hier babylonische Sinnverwirrung obwaltete. (Denn sonst verstünde man, weiß Gott, die Welt nicht mehr.)

Peinlich berührt

Herr Thomas Mann erhält Kunde von einem Goethe-Gedicht. Es berührt ihn; spricht ihn auf wundersame Weise an. Und es macht ihn außerordentlich betroffen. Er kennt es nicht. Kaum zu glauben. Seiner Überzeugung nach weiß er doch im Goetheschen Dunstkreis recht gut Bescheid. Freiweg vermag er aus JWGs letztem Brief zu zitieren. Und nun diese Blamage ...

Niemand soll im unklaren darüber bleiben, was Thomas Mann nicht wußte – und auch die Gewißheit erhalten, daß die Verse wirklich ein klangvolles, ruhiges, poetisches Gebilde von seltener Schönheit sind.

Johann Wolfgang von Goethe, aus: »Zahme Xenien«,VI. »Nachts, wann gute Geister schweifen, / Schlaf dir von der Stirne streifen, / Mondenlicht und Sternenflimmern / Dich mit ewigem All umschimmern, / Scheinst du dir entkörpert schon, / Wagest dich an Gottes Thron.«

Über Humor

Der Dichter sprach in verschiedenen Lebensabschnitten wiederholt und ausdrücklich davon, daß er sich in erster Linie als Humorist fühle. Wenn dem so ist, sucht und findet man bei ihm auch die Begriffsbestimmung des HUMORs.

1. Humor ist ein Ausdruck von Menschenfreundlichkeit, von Sympathie.

2. Sympathie zielt darauf ab, Gutes zu tun, das Gefühl von Anmut, Wohlbefinden und befreiender Heiterkeit zu verbreiten.

Diese Parameter lassen sich untereinander austauschen. Sind die Möglichkeiten erschöpfend durchgespielt, so drängt sich der Gedanke auf: Heiterkeit ist die höchste Stufe des Bewußtseins ...

Über die Zeit

Thomas Mann schien sich nicht bewußt gewesen zu sein, welch hohe Bedeutung er dem Zeitbegriff beimaß. Eine dementsprechende Betrachtung im französischen »Journal de Psychologie« machte ihn darauf aufmerksam. Der Artikel hieß: »Die Zeit im Werk Thomas Manns.« Er las ihn mit Bedacht. Nun, wo man es nachwies, entdeckte er, daß sich das Zeitmotiv tatsächlich, einem roten Faden gleich, durch alle seine großen Werke zieht. Der Erkenntnisprozeß ist in Gang gebracht: Seine Anbindung an »Idee und Gabe der Zeit«, überdenkt er, sei ja eine wahre Besessenheit. Es überrascht ihn – und überrascht ihn nicht. Denn die Zeit wäre nun mal eine große Macht, der alle unterliegen, ebenso aber auch der fruchtbare Acker, der Ernte trägt, wenn man ihn treulich bestellt. Dieser Tiefblick ins Großeganze bringt ihn in die Nähe seines geistigen Mitdenkers Goethe. Der habe sich, wahrscheinlich veranlaßt durch einen ähnlichen Moment der Erleuchtung, notiert: »Nichts ist höher zu schätzen als der Wert des Tages.«

Gewitztheit

Listig, mit Verlaub eitel, was TM einem alten lieben Bekannten im Vertrauen mitteilt. Er habe nun endlich den schätzbaren Vorteil, sich hinter dem Schutzwall seines hohen Alters verbergen zu können. Und er nutze es weidlich. Natürlich wisse er, daß es heuchlerisch sei, wie er's treibe. Denn mit seinen »beinahe 77« wäre es nicht weit her. Gewiß, ein bißchen Müdigkeit, ab und zu nicke er ein – aber nur ab und zu.

Doch was die Produktivität angehe, so blühe sie in bewährter Frische. Ohne Einschränkung. Ungebrochen. Und das bereite ihm, hinter seiner Schutzwehr geborgen, großes Vergnügen. Verständlich, verzeihlich.

Orden

Welche Anerkennung! Die französische Regierung spricht Thomas Mann das Offizierskreuz der »Légion d'Honneur« zu. Es bewegt ihn tief. Da es aber Dezember ist und im schweizerischen Erlenbach – dem neuen Wohnsitz der Manns – winterliches Wetter herrscht, Thomas Mann zudem an einem hartnäckigen Bronchialkatarrh leidet, kann er nicht sofort nach Paris eilen, um den Orden in Empfang zu nehmen. Er bittet den Herrn damaligen Außenminister Robert Schuman zu verzeihen, doch er möchte seinen Besuch auf das Frühjahr verschieben.

Allerdings wäre da noch ein Anliegen: Stolz auf die neue Ehrung, würde es ihn hart ankommen, wenn er die rote Kokarde, das Interimszeichen der Ehrenlegion, noch nicht anlegen könnte. Ob es dem Herrn Minister vielleicht möglich wäre, ihm vorab ein oder zwei Exemplare davon zu schicken? Robert Schuman ermöglicht noch mehr. Im Januar des Folgejahres besucht er Thomas Mann und überbringt ihm den Orden. Und die Kokarden dazu! Nun spaziert Thomas nur noch mit dem roten Rosettchen im Knopfloch herum und ist »unbändig eitel darauf, ganz wie ein Franzos.«

Probleme mit der Wahrheit

Man überschüttete den Schriftsteller Mann ab einem bestimmten Berühmheitsgrad – spätestens, nachdem er Nobelpreisträger geworden war – mit Manuskripten. Natürlich erwarteten die Einsender sein Gutachten. Möglichst ein zustimmendes. Einer von ihnen erbat, was eigentlich selten ist, Thomas Mann möge ihm die Wahrheit und nichts als die Wahrheit über seinen Beitrag mitteilen. Verantwortungsbewußt, wie er war, nahm er das Anliegen ernst. Und schrieb, wohlweislich in schonenden Worten, da er die Verletzbarkeit einer Autorenseele kannte, vom Eindruck des Gelesenen. Unverzüglich kam der Ärger. Auf einer Postkarte: »Herrn T.M. ist zu antworten: Pfui!« Die Annahme liegt nahe, daß Thomas, Goethe im Sinne, bei sich dachte: »Es ist besser, eine Torheit pure geschehen zu lassen, als ihr mit einiger Vernunft nachhelfen zu wollen.«

Heiliger Zorn

Golo Mann sprach davon, daß sein Vater in heftigen Zorn geraten konnte. Diese Aussage hält einer Nachprüfung stand. Thomas Mann ereiferte sich über die Welt im allgemeinen und im besonderen. Sie sei mit Brettern vernagelt, in jedem Sinne, und treibe unaufhaltam in die Finsternis und Barbarei. Die »Raffer-, Narren- und Gangster-Civilisation« in ihrer menschlichen Schlechtigkeit verdiene eine entsprechende Heimsuchung. Deutschland sei zwar bejammernswert – aber eine Qual. Und was die Deutschen anbelangt, so wären sie

unausstehlich. Soweit die Zornesausbrüche im Groß-
format.

Lokale Bereiche und Einzelpersonen erzürnten
Thomas Mann nicht minder. München beispielswei-
se, wo er sich bekanntermaßen etliche Jahre aufhielt,
beschrieb er als eine Mischung aus »Stumpfsinn und
Leichtsinn«. Die Stadt stünde ihm bis obenhin, und
er trüge sich mit Wegzuggedanken.

Sein Zorn machte vor Goethe (den er überaus
schätzte) nicht halt; nicht vor seiner amerikanischen
Gönnerin und Freundin Agnes E. Meyer (»…die königliche Gouvernante, die mich pädagogisch tyran-
nisiert.«). Er richtete Unmutsbezeugungen auch
gegen die eigene Person. Wobei diese Selbsterzür-
nung eher heiligem Ärger glich.

Thomas Mann, der Philosoph, reflektierte über die
Vorkommnisse und gewann am Ende eine Maxime:
Der Ärger macht, wie bekannt, nur geschwätzig.

Wünsche an einen Weggefährten

Zum großen Bekanntenkreis Thomas Manns gehörte seit langem Hermann Hesse. Eine bewährte
Freundschaft. Man stand sich bei, wenn es Angriffe
auf ihre literarischen Arbeiten setzte, besuchte einander zu regem Gespräch, sofern es die jeweiligen
Aufenthaltsorte erlaubten, pflegte regelmäßigen Brief-
verkehr.

Hesse beging nun den fünfundsiebzigsten Geburtstag. Und Thomas Mann gratulierte. Er bewünschte

seinen »lieben alten Weggenossen« mit dem Besten, was das Leben bietet, und versicherte, daß er ihm »von Herzen gut« sei. Er richtete außerdem eine dringliche Bitte an den Jubilar: »Und sterben Sie ja nicht vor mir! Erstens wäre es naseweis; denn ich bin der Nächste dazu. Und dann: Sie würden mir furchtbar fehlen in all dem Wirrsal.« TM werde HH bald besuchen, versicherte er, und freue sich auf das Zusammensein. Dann wollen sie gemeinsam »schmälen und seufzen und ein bißchen an der Menschheit verzweifeln ... und noch Spaß haben dabei an der großen, großen Dummheit.« Das nennt man wohl den Zustand heiterer Gelassenheit.

Großmeister Tolstoi

Thomas Mann schätzte den Vergleich. Und er schätzte Lew N. Tolstoi. Wenn er auf einer Insel leben müßte und Bücher mitnähme, so enthielte seine Minimal-Bibliothek bestimmt *Krieg und Frieden* von Tolstoi. Gedankenfülle und weiter Atem seiner Erzählkunst nötigten ihm höchste Achtung ab. Neben dem Sprachgewaltigen fühle er sich klein und kleiner werdend; schrumpfe am Ende gar »vor solchem Riesen« zu einer »Spitzmaus«. Seltsam spaßhaftes Bild, das man getrost als unangemessen hinnehmen darf. Denn einige beachtliche Werkchen brachte TM ja auch zustande.

Auftritte

Unentwegt zog und zerrte die Öffentlichkeit an dem berühmten Autor: Vorträge, Projekte, Referate; Tisch-, Eröffnungs-, Begrüßungs-, Gründungs-, Bestattungs- und Gedenkreden; Buchbesprechungen, Einleitungen, Miszellen. So nebenbei schrieb er am persönlichen Dichtwerk. Dieses wurde von Jahr zu Jahr umfangreicher und er – älter und älter. Auch »klappriger« und » kröpeliger«. Die Mißhelligkeiten des Alterns setzten ihm zu. Der Hausarzt mahnte: »Die Dezennien – müssen Sie bedenken.« Und dennoch! Thomas Mann schlug ungern ab, wenn man ihn um sein Mitwirken bei Veranstaltungen verschiedenster Art bat. Zu den Beweggründen bekannte er sich freimütig. Meistens seien es doch nette Leute, die ihr Anliegen vortrügen. Dann mache ihm das Auftreten vor einer interessierten Runde großen Spaß.

Überhaupt fühle er sich im kleinen Kreise, im Salon, als »farblose, langweilige Figur«. Wohingegen auf dem Podium, ja dort, dort befände er sich ganz anders! Getragen, gehoben vom besonderen Fluidum.«Auf dem Podium«, sagte Thomas Mann, »da bin ich eine magnetische Figur.«

Polyhymnia

Musik, Musik. Sie stand über, neben, vor, zwischen Schopenhauer, Nietzsche, Goethe – und all jenen, denen sich Thomas Mann geistig verbunden fühlte. Diese göttliche Frau Muse zog ihn an. Es war eine verläßliche, lebenslange Bindung, die sie miteinander eingingen. Der Musik gelang es – je nach des Dichters Gemütslage – ihn zu beflügeln, abzulenken, zu beruhigen, anzuregen. Er besaß ein gutes musikalisches Gedächnis und feines Gehör. Früher sogar hatte er die Geige gespielt. »Gar nicht schlecht«, erinnert sich Katia. Thomas vermochte auch auf dem Klavier zu improvisieren. Erklärter Lieblings-Komponist: Richard Wagner. Bevorzugte Oper: *Tristan und Isolde*. Würde man Thomas Mann nachts wecken und ihm das Stichwort »Tristan« zuflüstern – er legte sofort los!

JA, ABER DER PARSIFAL. Katia und Thomas Mann besuchten 1953 Italien. Bei einem Zwischenaufenthalt bot sich die Gelegenheit, in der Mailänder Scala eine Verdi-Oper zu erleben. *Othello*, in hochrangiger Besetzung. Zurückgekehrt von der Südlandreise und wieder zu Hause im schweizerischen Erlenbach, überkam es Thomas Mann, die Schallplatte mit der Zwischenmusik zu Wagners *Parsifal* aufzulegen. In Andacht zu Ende gehört, sagte er: »Na ja, *Othello* neulich, es war ja recht schön, aber wenn ich das höre, ach du lieber Gott!«

AFFÄRE SCHÖNBERG. Eine zwar musikalische, jedoch wenig erfreuliche Angelegenheit. Thomas Mann und Arnold Schönberg befreundeten sich in Kalifornien. Während der Arbeit am *Doktor Faustus* holte Mann Schönbergs Rat ein, las in dessen theoretischen Schriften über die atonale Komposition. Denn die Tonkünste des »Adrian Leverkühn«,

Hauptfigur in seinem Faustus-Roman, mußten auf solider Grundlage stehen. Arnold Schönberg vermißte nun in Thomas Manns Buch einen Hinweis darauf, daß nicht Thomas Mann der Erfinder dieser neuen musikalisch-umstürzlerischen Idee sei – wie es den Eindruck erwecke –, sondern er, Arnold Schönberg. Als Beweis dieser anscheinend entstandenen Meinung übersandte er Thomas eine Zuschrift. Dieses Schriftstück war sehr verworren abgefaßt.

Herr Hugo Triebsamen (der mysteriöse Verfasser des Schreibens) habe in einer utopischen Zeitschrift auf das Jahr 1988 einen Artikel gefunden, wonach rückblickend und zur Richtigstellung Schriftsteller Thomas Mann als der eigentliche Zwölf-Tonkunst-Schöpfer gelte. Und der Komponist Arnold Schönberg habe ihm die Erfindung heimtückisch gestohlen. Ziemlich atonal, das Ganze ... Nach Auseinandersetzungen zwischen beiden und der Einwilligung Thomas Manns, im *Doktor Faustus* eine entsprechende Erklärung zum Sachverhalt abzugeben (man kann sie nachlesen), war der Streit beigelegt. Daraufhin deckte Schönberg den Schwindel mit Hugo Triebsamen und der seltsamen Zuschrift auf: Besorgt um seinen Nachruhm, hatte er sich alles ausgedacht. Thomas Mann blieb nur festzustellen: »Ihr Musiker seid mir Leute!«

Metamorphose

Man kennt Thomas Manns Übergriffe auf Personen seiner Umgebung und deren Innenleben, wenn er literarische Gestalten formte. Die Lübecker Bürger suchten und fanden sich in den *Buddenbrooks*. Gerhart Hauptmann erkannte sich zu Recht im *Zauberberg* als »Mynheer Peeperkorn« wieder. Gustav Mahlers Physiognomie verwandelte Thomas Mann in die des »Gustav Aschenberg« (*Der Tod in Venedig*). Jeder von ihnen erhielt selbstredend den Anhauch einer genialen Veränderung. Und so ging es fort und fort. War wer zimperlich, so mußte er auf der Hut sein.

Paul Ehrenberg, ein Jugendfreund, Maler und vorzüglicher Geigenspieler, der lange Zeit zwischen beiden Künsten schwankte, gehörte ebenfalls zu den Metamorphierten. Seine Umwandlung erfuhr er allerdings erst nach Jahrzehnten. Im Roman *Doktor Faustus*. Dort kehrte er als der liebenswürdige, charmante junge Violinist »Rudi Schwerdtfeger« zurück. Thomas Mann stotterte ein wenig herum, als man ihn nach dieser Paul-Rudi-Wandlung fragte: Ach der ..., den habe er sich wohl ausgedacht ... oder auf eigene Art zusammengesetzt.

Mit Dr. Rudolf Oberloskamp, Rechtsanwalt in Düsseldorf, verfuhr er etwas anders. Ihn »verwendete« er nicht direkt. Den Herrn Doktor bat er um einige Informationen zu einer neuen Erzählung (*Die Betrogene*). Er erhielt sie. Rasch und gut zu verwerten. Da ihm der Name des Rechtsanwaltes sehr gefiel, übernahm er sowohl Oberloskamps Angaben als auch seinen etwas sperrigen, aber phonetisch ansprechenden Namen. Um unliebsamen Eventualitäten vorzubeugen, erhielt der Düsseldorfer vom Dichter ein Buchexememplar mit verbindlich-schmeichelhafter Widmung – samt Entschuldigung wegen des Namensmißbrauchs zu »dekorativen Zwecken.« – Das verstand Thomas Mann wie kaum ein zweiter.

Feine Anspielung

Thomas Mann vergaß den sechzigsten Geburtstag seines guten Bekannten, des Journalisten und Übersetzers Manfred George. Ein bedauerliches Versehen, worüber Thomas sich grämte. Er legte dem Jubilar nahe, daß er ihm doch hätte einen dezenten Wink geben können, als sie sich neulich trafen. Etwa in folgender Form: Das Leben vergehe so schnell, und man habe es doch erstaunlich lange ausgehalten. So alt wie Thomas sei er natürlich noch nicht – der Himmel möge es verhüten! – aber auch nicht mehr ganz jung, jedoch munter und fidel. Und es dünke ihn, daß demnächst eine »Ründung« ins Haus stünde. Thomas Mann hätte, bei seiner Empfindsamkeit, diese versteckte Aufforderung umgehend bemerkt, registriert und im Kalender angekreuzt.

Der Pelzmantel

Der Winter grümmelte eisig. Im Januar legte er noch zu an Kältegraden. In der Schweiz friert man gründlicher und durchdringender als in Kalifornien. Ob Thomas den Umzug vom sonnigen Landstrich in das unterkühlte Europa bedauerte? Die Schweiz hatte er zu seinem Lieblingsland erklärt, nun muß er auch frostige Zeiten in Kauf nehmen! Man kann nur hoffen, daß im Erlenbacher Haus die Heizung nicht ausfällt. Thomas Mann ist ein älterer Herr, schlank auch. Die Schlanken sind besonders kälteempfindlich. Trotz der Schneeluft möchte er auf seinen täglichen Spaziergang nicht verzichten. Zwanzig Minuten im Freien müssen sein. Mögen auch im Gebein die Minusgrade bohren. Wenn er doch einen warmen Überzieher besäße. Aus edlem Rauchwerk. Murmeltier vielleicht oder Marder oder Nutria. Recht eigentlich träumte er vom Nerzmantel (bis zum Zobel hinauf träumte er nicht), geschmückt mit einem Otterfellkragen. Allein die Vorstellung erwärmte ihn.

Im Monat Mai (die Eisheiligen waren noch am Werk) erhielt Thomas Mann den Besuch einer Abordnung des Berliner Aufbau-Verlages. Die geplante zwölfbändige Ausgabe seiner Werke galt es zu beraten. Gute Gelegenheit für den Hausherrn, die Rede auf den Nerzmantel zu bringen. Mit Otterfellkragen, um noch einmal zu erinnern – und maßgeschneidert! Sicherlich trug er seine Bitte – wie von ihm nicht anders zu erwarten – mit höflich-char-

mant-gewinnenden Worten vor. Sie wurde angenommen. Und erfüllt. Thomas, hocherfreut über das
kostbare Geschenk, sah dem nächsten Kälteeinbruch
gelassen entgegen.

Verwunderung

Für jeden kommen Augenblicke, in denen er über
den Lauf der Dinge oder sich selbst erstaunt. Wie
sollte es Thomas Mann anders ergehen. Ihn verwundert, daß er trotz ungesunder Lebensführung, wenig
Schlaf, vieler Schlaf- und Dämpfungsmittel, starkem
Nikotingebrauch weiter so dahintreibt. Gewiß, er ist
etwas mager, doch besser als von üppiger Fülle, denn
dann treibt man nicht mehr lange so dahin! Es wun-
dert ihn, daß die Welt ihn bewundert; ehrt, dekoriert,
Lobgesänge anstimmt. Bei soviel »Honigseim«, meint
Thomas Mann, ist es von Nutzen, wenn ab und zu
die Trompeten zur Schlacht schmettern. »Wer weiß,
was man sich sonst einbildete.«

Vom Vortragen

Thomas Mann las gern vor. Und er las gut. Ein-
fühlsam gestaltend. Anfangs – den Kindern Mär-
chen. Er bevorzugte Hans Christian Andersen und
ganz besonders dessen Geschichte *Der standhafte
Zinnsoldat*. Später im Familien- und Freundeskreis
aus eigenen Werken und denen anderer Dichterkollegen. Es wurde vorgelesen; auch auf den großen
»Wanderschaften« und an den verschiedenen Stand-

orten der Mannfamilie: in München, Südfrankreich, in der Schweiz, im Osten und Westen Amerikas. Thomas Mann las Essays, Geschichten, Roman-Kapitel. Nicht zu reden vom Vortragen in der Öffentlichkeit. Es gelang ihm dabei auf unnachahmliche Weise, die Zuhörer in den Bann seines Wortes zu ziehen.

Die Anforderungen nahmen zu – und das öffentliche Reden kein Ende. Er schlußfolgerte daraus, man habe ihn nun wohl auch als Sprecher entdeckt. Dies sei auf eine Art beruhigend, denn, »wenn ich sonst nicht mehr weiter weiß, so kann ich mich immer noch dazu anstellen lassen, die Wetter-Prognose durchzugeben.«

Lebhaften Anteil nahm er, wenn andere seine Texte vortrugen. Daß auch ja der rechte Grundton getroffen werde, gab er einem Rezitator freundlich, aber bestimmt verschiedene Anweisungen: Herr König, ein Münchner Schauspieler, dürfe den Inhalt keinesfalls trübsinnig oder gar ernst nehmen. Es stecke viel Groteskes in der Erzählung (*Der Kleiderschrank*). Und deshalb »muß bei mehreren Stellen gelacht werden, sonst finden die Leute garnichts daran.«

Herr König – als geübter Vortragskünstler – wird dem Wunsche schon nachgekommen sein. Fraglich bleibt nur, ob das Publikum an den *richtigen* Stellen lachte.

Sentenzen

Wer berühmt ist, gilt als Institution, der Öffentlichkeit zu jeder Zeit und Stunde zugänglich. Journalisten stehen vor der Tür und fragen nach allem und jedem. Nach Erlebnissen aus dem Windelalter; Eß-, Trink-, Schlaf- und Fortpfanzungsgewohnheiten. Ob man die Haare färbt, das Hemd lieber unter oder über der Hose trägt. Und in diesem Tone weiter. Doch treten auch seriöse Anfrager auf.

Eine Schweizer Zeitung bat Thomas Mann um einige »sentenztragende Sätze« aus seinen Büchern. Er bot an: einen tiefschürfenden und einen scherzhaften Einfall. Nummer 1: »Glück des Schriftstellers ist der Gedanke, der ganz Gefühl, ist das Gefühl, das ganz Gedanke zu werden vermag.« Nummer 2: »Ein Schriftsteller ist ein Mensch, dem das Schreiben schwerer fällt als allen anderen Leuten.«

Sicher ist sicher

Im Januar 1954 schreibt TM aus Erlenbach-Zürich an seinen Enkel Frido, den Sohn von Michael Mann, einen großväterlich-zärtlichen Brief. Darin erzählt er auch von der Reise nach »Ost-Berlin«, die Tante Eri unternommen hätte. Dort traf sie »die Russen«, und die haben eine Einladung nach Moskau ausgesprochen. Für Tante Eri und für ihn, den Opapa. Und wenn er käme, dann fänden sie das besonders nett; und es gäbe Wodka und Kaviar. Da sollte nun die Eri – so hätten »die Russen« drohend gesagt – aber ja gut achtgeben, daß der Opapa gesund bleibe.

Thomas Mann fügt dem Schreiben einen Nachsatz zu: »Von Ost-Berlin und den Russen mußt Du aber nicht sprechen.« Zu niemandem! Weder zu den Eltern, den anderen Großeltern oder den Vettern – noch in der Schule.

Man lebt zwar in der Demokratie, doch am Ende weiß man nie ...

Das Zitat

Jeder nimmt es gern auf. Besonders dann, wenn es aus der eigenen Seele spricht und zeigt, daß andere ähnlich dachten oder empfanden. Man steht nicht allein mit seinem Koffer vager Vermutungen. Thomas Mann, gründlicher Goethe-Kenner, berief sich überraschend bei einer Gelegenheit nicht auf den Klassiker, sondern führte den Ausspruch eines Malers ins Feld.

Zum Schiller-Jubiläum 1955 arbeitete TM am Essay (*Versuch über Schiller*) und an der Festrede, die in Stuttgart und Weimar zu halten war. Das Geschriebene übersandte er einem Freund. Mit zwiespältigen Gefühlen. Schimmerten da eventuell schon Auswirkungen seines vorgeschrittenen Alters durch die Zeilen? Immerhin näherte sich der achtzigste Geburtstag. Die Antwort beruhigte ihn. Er freute sich über die positive Resonanz. Und zur Begründung seiner gehegten Unruhe, ließ er nicht den Geheimrat sprechen, sondern Max Liebermann. Der nämlich hätte in ähnlichen Fällen gefragt: »Finden Se det senil?«

Die Brüder Mann

Über lange Zeitstrecken hinweg bestand Spannung, herrschte Reserviertheit zwischen Thomas und seinem Bruder Heinrich. Wesentliche Unterschiede beider in Lebens- und Denkart, Wertung ihrer Arbeiten in der Öffentlichkeit; auch Konkurrenzgebaren und Eitelkeit mögen mitgespielt haben. Thomas versicherte, sein Verhältnis zu Heinrich sei das des aufblickenden kleinen Bruders gewesen. Er zeigte sich sehr verwundert, als ihm Heinrich eines seiner Bücher schenkte und er die Widmung las: »Meinem großen Bruder, der den Doktor Faustus schrieb.« Thomas schlichtete den Streit, wer nun »der Große« von ihnen beiden sei, nahezu genial. Er erinnerte sich, wie so oft, an Goethe. Der Geheimrat hatte sich dermaleinst erregt über die Dummheit der Deutschen, die herausfinden wollten, wer der Größere wäre, Schiller oder er. Thomas übertrug schlichtweg den goethesch-geistvollen Schluß auf die Situation Mann-und-Mann: »Sie sollen froh sein, daß sie zwei solche Kerle haben!«

Wie man Dr. phil. wird

Enkel Frido, Thomas Mann sehr nahestehend, berichtete dem Opapale in einem Brief – ausführlich und bis in die Einzelheiten – von seinen »Studien«. Der Vierzehnjährige hatte die *Buddenbrooks* aufmerksam gelesen. Ganz! Darüberhinaus noch die handelnden Personen mit den Angaben in Onkel Vikos Buch *Wir waren fünf* verglichen und überprüft.

Großvater Thomas, hocherfreut über Fridos Eifer –
lobt. Er erkennt zudem die richtige Vorgehensweise
seines Enkels und erklärt ihm ohne Umschweife:
»So machen es die Literatur-Studenten auch, schreiben dann eine sogenannte Dissertation und werden
Dr. phil. dafür.«

Der Ring

Seit langem hegte Thomas Mann einen lupenreinen
Wunsch. Einen Ring mit makellos klarem Edelstein möchte er haben, den er auch beim Schreiben
tragen kann. Um sich abzulenken, hineinzudenken,
hineinzuversenken. In dunkeltiefes Rubinrot oder
schmelzendes Smaragdgrün. Seine Hinneigung zum
Extravaganten gaukelte ihm einen Smaragdring vor.
Ach-du-liebes Gottchen, wer soll diesen Edelstein
aus den Schatztruhen von Tausendundeiner Nacht
bezahlen? Zumal er makellos sein soll ... Dazu wäre
nur Eine in der Lage: Seine »liebe Freundin, Fürstin,
teuerste Fürstin, liebe Fürstin und Freundin« Agnes
E. Meyer. Und in Bälde erreicht er das achtzigste
Lebensjahr; willkommene Gelegenheit, ihr sein geheimes Begehren vorzutragen.

Er schreibt »Dear Agnes« einen Brief. Mit einnehmenden Worten fädelt er sein Anliegen über gedankliche Schleichpfade ein. Nach wohldurchdachter
Vorbereitung schwenkt er zum Eigentlichen hinüber:
Er habe unlängst einen Traum gehabt. Darinnen
schenkte ihm die liebe Freundin zum Geburtstag
einen Ring. Sehr deutlich sah er, daß es ein Sma-

ragdring war. Darüber sei in ihm kindliche Freude aufgestiegen ... Der Brief ward über den Ozean gesandt. Thomas Mann wartete. Vergebens. Dear Agnes schwieg. Vermutlich hatte man ihr zugetragen, daß Thomas sie für eine »beschwerliche Geist-Pute« hielt. Weshalb also sollte Agnes ihm einen Smaragdring kaufen? Der Traum zerran. TM war traurig. Die Familie sah das Malheur. Man beschloß, seinen Wunsch trotzdem zu erfüllen. Auf leicht abgesenkter Qualitäts-Ebene. Und zum festlichen Tag, am 6. Juni 1955, beschenkte man ihn mit einem sehr schönen Ring. Der Stein, ein Turmalin in stillsanftem Grün, war zwar nur smaragdähnlich, doch von größter Reine; und vor allem »mit männlichem Schliff« versehen. TM fühlte sich getröstet, erhoben – und die »kindliche Freude« kehrte ein.

Überdruß

Die öffentlichen Anforderungen an Thomas Mann steigen und steigen. Es ist der Tribut an seinen Bekanntheitsgrad. Ungehalten äußert er, man bedränge ihn von allen Seiten und mißbrauche einfach den Umstand, daß er noch am Leben sei. Das Beste wäre wohl, sich totzustellen. Doch erwiesenermaßen berge das Schwierigkeiten in sich. Einige Jahre zurückliegend, fand Thomas Mann für diese kritische Situation eine brauchbare Lösung. Karten wollte er sich drucken lassen. Darauf sollte geschrieben stehen (neben Angaben zur Person und höflicher Anrede, versteht sich), optisch hervorgehoben und damit auf das Zentralproblem zielend: Ich bin ein Dichter und muß dichten!

Die Büste

Mit Ferdinand Lion, dem Schriftsteller und Kunstkritiker, verbanden Thomas Mann Jahre gemeinsamer fruchtbarer Arbeit. Aus guter Kenntnis heraus nannte er Lion ein »häkelig-mäkelig Köpfchen«. Thomas Mann ist es nicht und hat es nicht. Seine Gesichtszüge zeigen eine gewisse Prägnanz und klare durchgeistigte Geschlossenheit. Im Gegensatz zu seinen schriftstellerischen Arbeiten entgleitet hier nichts. Der Mannsche Kopf ist ein festgefügtes Denkerhaupt. Und deshalb geeignet zum Abbilden in der plastischen Kunst.

Der Bildhauer Gustav Seitz begibt sich in den Herbsttagen des Jahres 1954 nach Kilchberg in das Haus Alte Landstraße Nr. 39. In die »Kilchi«. Dort porträtiert er Thomas Mann. Im nächsten Jahr soll TM als Geburtstagsgeschenk sein Haupt in Bronze erhalten. Vielleicht werde es auch noch in Stein gearbeitet, erzählt der Opapa dem Enkel Frido. Dann erhalte es Aufstellung auf einem öffentlichen Platz. Auf diese Weise stünde er bei Regen, Wind und Sonnenschein an der frischen Luft – »und im Winter habe ich ein Schneemützchen auf dem Kopf.« Ein heiterer Gedanke.

Am Geburtstagsmorgen im Sommer darauf überbringt die Abordnung aus der DDR, neben anderen erfreulichen Überraschungen, auch Thomas Manns Porträtbüste. »Monumental und riesenhaft« posiere sie nun inmitten des »Aufbaus« (von Blumen und Geschenken), berichtet Erika Mann. »Riesenhaft und monumental« – traf das sein Wesen?

Aufmerksam und neugierig gemacht, möchte man das bronzene Kopfstück des Dichters in Augenschein nehmen. Die Akademie der Künste zu Berlin besitzt einen Abguß davon. Bereitwillig wird er aus dem Regal gewuchtet. Mit 39 cm Höhenmaß ein beachtliches »Köpfchen«. Kühl jedoch und distanziert und fern der Erdenschwere mit ihrem irdischen Krimskrams. Ein wenig Trutz im Blick und einen Anflug von Härte um den Mund. Diesen Herrn Mann wagt man nicht zu grüßen mit: »Guten Morgen, Herr Professor!« und wechselt lieber die Straßenseite. Sieh da! Etwas Bekanntes, Thomas Mann Zugehöriges läßt sich an der Plastik doch entdecken. Über der linken Augenbraue verlaufen zwei waagerechte schmale Falten. Persönliches Merkmal seiner immerwährenden Skepsis. Es erinnert an die hochgezogene Braue, wenn Zweifel in Thomas aufstiegen. Vergeblich bleibt die Suche nach einem Fünkchen höherer Heiterkeit in der heroischen Physiognomie. Sie aber überstrahlt die ebenfalls in der Sammlung befindliche Kleinplastik Thomas Manns, geschaffen von Wieland Förster. Ihr gebührt der Lorbeer. Der Verehrte, Hochgeschätzte sitzt im bequemen Sessel. Gelöst und entspannt. Die wissende, verstehende, heitere Gelassenheit ins Gesicht geschrieben. *Der* Thomas Mann hat sich eingerichtet mit der Welt, wie sie nun mal ist. Und zwischen Zeige- und Mittelfinger hält er – die geliebte Zigarre.

Das Zubehör

In den vielen Jahren der Gemeinsamkeit – unter schwierigsten Bedingungen, wie Ausbürgerung und Emigration – fanden Thomas und Katia Mann zu einem akzeptablen Lebensstil. Frau Thomas Mann übernahm darin den anstrengenderen Part. Selber eine starke Persönlichkeit, oblag ihr die Aufgabe, einer kinderreichen Familie mitsamt kompliziertem Ehemann vorzustehen. Die Kinder, ebenfalls nicht leicht zu nehmen, verlangten Aufmerksamkeit und Zuwendung. Thomas – eigensinnig, sensibel, vielschichtig – bedurfte eines diplomatischen Umgangs. Katia hatte zu schlichten, anzuregen, zu rügen, für die Ökonomie zu sorgen (auch für die Hunde, die immerwährend zum Haushalt gehörten). Sie stand Thomas zur Seite, wenn er in Melancholie verfiel oder »Kröpeligkeit« ihn plagte. Dann wollte er ja auch getröstet werden! Die Unterstützung seiner literarischen Tätigkeit galt Katia als selbstverständlich. Las er Teilstücke seiner jeweiligen Arbeit vor – eine Art Erprobung für ihn –, so war sie die kritische Zuhörerin. Mit weiblicher Klugheit wußte sie auf Ungereimtheiten hinzuweisen. Etwa so: »Das stimmt doch vielleicht nicht ganz ...?« Oder in ähnlicher Wortwahl. Über ihre Position im Zusammen-

leben mit Thomas befand Katia, es sei die eines un-
entbehrlichen »Zubehörs«. Man kann es nicht besser
ausdrücken. Ihre Begründung lautet schlicht: »Wir
verständigten uns in manchem. Ich war schließlich
fünfzig Jahre mit dem Mann verheiratet.«

Neugier

Im letzten Lebensjahr häufen sich für Thomas Mann
die Einladungen. Zu Vorträgen, Festreden (Schiller ist wieder einmal zu bejubeln), zu Veranstaltungen – die auch seiner Person gelten und dem eigenen Jubel-Fest. Der Vielbegehrte ist verwundert. Er
habe doch eine Menge Feinde und man gäbe ihm –
um mit Zola zu sprechen – genügend Kröten zu
schlucken. Weshalb also, um des Himmels willen,
dieses überhöhte Interesse?!

Die Erklärung ist einfach. Ob Gegner oder Befür-
worter »... neugierig auf das Rhinozeros sind sie
doch alle.«

Atmosphäre

Es lag besonderer Duft in der Luft von Thomas
Manns Arbeitszimmer. Bekannte und Freunde,
die seine Klause in den verschiedenen Ländern und
Klimazonen betraten, kennzeichneten ihn als immer
gleichbleibend und personengebunden. Die Aussage entspricht einer sensorischen Grobeinschätzung,
bewegt sich im indifferenten Geruchsbereich und
bedarf näherer Prüfung. Als Grundkomponenten des

arteigenen Duftgemisches in Thomas Manns Arbeits-
gehäuse sind einzusetzen: Druckerschwärze, Leder,
Eau de Cologne und Zigarrenrauch. Man entdeckt
natürlich in der Komponente »Tabakwaren« sofort
den möglichen Ansatz zur Variation. Im Zigarrenrauch erspürt Viktor Mann, der Bruder, das Arom
von »Zedernholzkistchen und Importen«. Der wür-
zige, leicht süßliche Geruch amerikanischer Zigaretten unterscheidet sich wesentlich von dem der
schweizerischen und ägyptischen, die Thomas Mann
auch konsumierte. Mengten sich Hausdüfte vom
Teebrühen oder Knödelkochen dazwischen, so konnten sie die Atmosphäre in der Schreiberklause ver-
feinern oder vergröbern.

Manchesmal schwadete auch dicke Luft durch den
Raum. Sie setzte sich aber aus anderen Komponen-
ten zusammen. Und verzog sich wieder – mehr oder
minder schnell. Oder der Dichter verzog sich. Diese
Eigenheit teilte er mit dem Geheimrat Goethe in Weimar, der sich ebenfalls verdrückte, wenn am Frauenplan Gewitterluft drohte.

Honoris Causa

Anstrengungen – aber auch freudige Überraschungen brachte der achtzigste Geburtstag dem noch
von Schillerns Jubelfeiern strapazierten Thomas
Mann. Allein in Kilchberg dauerte der »Geburtstags-
tumult« vier Tage an. Die liebe Welt, so sah es der
Gefeierte, habe alles getan, um ihm den Kopf zu ver-
drehen. Er versuchte, der Hochgespanntheit »äußer-

lich stramm« zu begegnen. Und den Ansturm der Verehrung mit weisen Worten des geistigen Anverwandten Goethe zu läutern: »Wohlwollen unserer Zeitgenossen, / Das bleibt zuletzt erprobtes Glück.«

Nach Verklingen von Feier, Fest und Freudentaumel sinnt TM darüber nach, welche Gabe aus der ideellen und materiellen Geschenkeflut ihm den »meisten Spaß« bereitet habe. War es der ersehnte Ring mit dem grünen Stein? Die zwölfbändige Gesamtausgabe seiner Werke, die ihm der Aufbau-Verlag Berlin überreichte? Der Sammelband »Hommage de la France à T.M.«, den er von bedeutenden französichen Schriftstellern und Staatsmännern erhielt? Oder das Dirigat seines Freundes Bruno Walter, der eigens für ihn im Zürcher Schauspielhaus Mozarts *Kleine Nachtmusik* erklingen ließ? Außergewöhnliche Präsente, jedes für sich, die Thomas Mann erfreuten.

Doch den eigentlichen Spaß, so fand er heraus, verschaffte ihm etwas anderes: Die neuerliche Verleihung einer Ehrendoktorwürde. Von denen besaß er ja etliche. Aber eine solche noch nicht. Die Eidgenössische Technische Hochschule in Zürich promovierte ihn zum »doctor rerum naturalium – honoris causa«. Bestgelaunt berichtet er Hermann Hesse: »Ich bin Doktor der Naturwissenschaften geworden.« An diesem Einfall erkenne man das erstaunlich hohe Phantasie-Potential der Anstalt. »Das ist doch einmal etwas Neues und Originelles«, erklärt Dr. rer. nat. h. c. TM.

Hört man sich um in der Familie Mann, wie denn das Wohlergehen des Herrn Papa gewesen sei, so stellt sich heraus, daß er eigentlich »immer irgendwas hatte.« Bronchitis; Hautausschlag am Hals, der aber rasch verging (»offenbar die reine Hysterie«); ein ekzematös verschwollenes Gesicht, so »daß die Nase keine Brille trug«; arthritisch-rheumatische Beschwerden an Arm und Hüften (in vorgeschrittenem Alter); zwischendurch fühlte er sich elend, appetit- und lustlos. Ihn suchte eine »intestinal flu« (Darmgrippe) heim, dann wieder eine »scheußliche Attacke«, die ihn zum Krankenhausaufenthalt zwang. Doch durfte er die Klinik bald wieder verlassen, »bleich und vom Leiden veredelt«. Bei Horkheimers verfehlte er die Stufe, stürzte und trug eine lädierte Schulter davon: Nun »jing es auch nich« mehr mit der Arbeit – wohl das größere Übel. Von der schweren Lungenoperation ganz zu schweigen. Er klagte über Ischias-Neuralgien, die ihn »alt und krumm« machten. Das neue Gebiß paßte nicht richtig und verursachte Schmerzen. Und mit den Ohren stimmte auch »irgendwas« nicht. Insgesamt gesehen – ein dauerhaft gestörtes Allgemeinbefinden. Katia meinte glaubhaft und mit einiger Verwunderung: Es habe doch kein Mensch angenommen, daß Thomas Mann so alt werden würde ...

Das norddeutsche Gericht

Dahinter könnte man etwas »Kräftiges« vermuten. Vielleicht Hecht mit Sauerkraut oder Schnitzel à la Holstein, preußische Klopse vom Rind; auch gedämpfter Stockfisch oder gebratener Speck mit Klössen. Weit gefehlt! Es handelt sich um eine leichte, bekömmliche, der Gesundheit zuträgliche, ernährungswissenschaftlich empfohlene und obendrein wohlschmeckende Zubereitung auf Thomas Manns Frühstückstisch: »Grahambrot in Honig gebröckelt.« Der berühmte Schriftsteller, so weiß jeder, stammte aus Lübeck. Das seltsame Gemisch, dachte ein Gast, dieses Gemantsche, diese Maische wird den Dichter an die heimatliche Küche erinnern. Er fragte Thomas Mann: »Das ist wohl ein norddeutsches Gericht?« – Da im Familienkreise jegliches einen sinnträchtigen Namen bekam, so hieß das Brot-in-Honig-Gebröckel fortan »norddeutsches Gericht.«

Schadenfreude

Die Schiller-Fest-und-Feiertage lagen hinter ihm. Eine Hollandreise vor ihm. Am »Holland-Festival« sollte er teilnehmen; in Amsterdam und Den Haag über Schiller sprechen. Und das Ereignis par excellence – die dortige Frau Königin will ihn mit einem hohen Orden auszeichnen. Gewiß werden Thomas und Katia reisen. Schon wegen der Ordensverleihung! Auf die ist der Dichter sehr gespannt, und der Gedanke daran bereitet ihm »ganz besondere Freude. »... weil sie sich in Bonn darüber ärgern werden.«

Noch ein Orden

Frankreich hatte Thomas hoch dekoriert, die holländischen Nachbarn standen dem nicht nach. Sommer 1955 in Amsterdam, Den Haag und an der Küste. Bis auf die Tage im Badeort Noordwijk aan Zee sind die Aufenthalte mit Verpflichtungen randgefüllt. Zum angenehmen Programmteil gehört die Ordensverleihung in der Universität Amsterdam. Offizier der Ehrenlegion ist Thomas Mann bereits, nun soll er zum Kommandeur befördert werden. Im Namen der Königin Juliana schmückt ihn der holländische Außenminister mit dem »Ordenskreuz von Oranje-Nassau (im Kommandeursrang)«. Ein Prunkstück, in Gold und Email erglänzend. Thomas, der Ästhet, fällt in Begeisterung: »wunderbar schön ... eine Pracht – das hübscheste Spielzeug für große Kinder.« (Rote Rosette am Revers, funkelndes Kommandeurskreuz um den Hals – o Zier!)

Nachruhm

Er hinterließ ein Jahrhundertwerk, der Erzähler Thomas Mann. Er spiegelte eine Epoche wider. Brach Lanzen für Schönheit und Reichtum der deutschen Sprache. Erstrebte die »Höhere Heiterkeit«. Missionierte im Dienste von Erkenntnis und Verständigung. Und wenn man ihn befragte: Wie hast du's mit der Wirkung, Thomas? So fand er darauf die salomonische Antwort: »Das kann kein Mensch vorauswissen.«

Tugend

War Thomas Mann ein Moralist? Ohne Zweifel! Galt ihm doch die Moral als die »höchste Angelegenheit des Lebens« (von der höheren Heiterkeit abgesehen). Noch im August 1955, wenige Tage vor seinem Tode, plagten ihn im Zürcher Kantonshospital Skrupel. Wegen einer Unterlassung. Ernst Kassbaum, ehemaliger Mitschüler am Lübecker Katharineum, hatte Thomas zum achtzigsten Geburtstag einen Glückwunsch geschickt – gemeinsamer Schulzeit gedenkend. Zur Freude des Jubilars. Unbedingt wollte er ihm antworten. Handschriftlich! Er begann auch, an den Jugendgefährten zu schreiben ... da fanden sich plötzlich Ernstens Brief und Adresse nicht mehr. Irgendwie, irgendwo war der Gruß abhanden gekommen. Er ließ sein Kassbaum-Schreiben unvollendet. Mit der Besorgnis im Herzen: »Es sieht mir so gar nicht ähnlich ... was soll der Mensch von mir denken?!« Der Gewissenhafte hielt eben auf sich. Respekt.

Ausklang

Das Abschiedswort für die geneigten Leser zu sprechen gebührt ihm selbst, dem Romancier, Erzähler und Essayisten, der einräumte, »sich allerlei Wunderliches herauszunehmen.«

»Der Lebewohl-Gruß, am Schlusse, klingt wie Ironie, ist aber redlich gemeint. Halten Sie sich tapfer und heiter! Ihr Thomas Mann.«

Herr Thomas Mann – Viertelportugiese, Sonntags-
kind mit schwierigem Charakter, miserabler Schüler
– hätte auch Maler werden können, hätte... mußte er
aber nicht, und schreiben mußte er! Und so stelle man
ihn sich vor: Schlank, helle Augen unter widerspen-
stigen, dunklen Brauen (die eine davon bei Skepsis
hochgezogen). Auffällig vorspringende, gerade Nase
(gut verwertbarer Körperteil für karikaturistische Ab-
sichten).

Herr Mann achtete auf einen disziplinierten
Tagesablauf, den er pedantisch einhielt. Die Abfol-
ge: Aufstehen gegen acht, Frühstück, Arbeit an der
»Hauptaufgabe« (die jeweilige dichterische Idee),
Spaziergang mit Hund, manchmal auch mit Hund
und Frau. Mittagessen. Lektüre, Siesta, Teestunde,
»Nebenaufgaben«. Abendessen. Musik, Lektüre.
Bettruhe gegen Mitternacht. Mäßiger Durchschlaf. –

Nie war er sich seiner Sache sicher und staunte,
wenn die »Hauptaufgaben« zu großen, ja zu Welter-
folgen wurden. Von Geld und Geschäften verstand
er wenig, das übernahm seine Frau. Er konnte sehr
komisch sein, behauptete man allseits. Das mag stim-
men. Denn Thomas Mann proklamierte die »höhere
Heiterkeit« als Lebensregel. Sein Auftreten in der Öffentlichkeit wurde als »überkonventionell«, zum Teil
auch als »hochmütig« empfunden. Das verlor sich
mit zunehmendem Alter zugunsten höherer Heiterkeit. Er lachte gern, andererseits befiel ihn wieder
tiefe Betrübnis – eben eine echte Künstlernatur!

Thomas Mann ging einer kritischen Selbstein-
schätzung nicht aus dem Wege. Er hielt sich für einen
»reservierten Sonderling«. Mit anderen Worten für
»nicht sehr liebenswürdig, launenhaft, selbstquäle-
risch, ungläubig, argwöhnisch, aber empfindsam«. In
reiferen Jahren formulierte er das Eigenurteil sehr
weise: »Was wollen Sie, der Mensch ist voller Wider-
sprüche.« Er verwahrte sich entschieden dagegen,
daß man ihn als »Intelligenzbestie« ansah. In der
Schule habe er nichts als Lesen und Schreiben, das
kleine Einmaleins und etwas Latein gelernt, alles
andere hartnäckig abgelehnt. Später, bei den schriftstellerischen Arbeiten, ja, da wäre er dann eingestie-
gen. Mit »Bienenfleiß« habe er Kenntnisse gesammelt.
Und dementsprechend könne man ihn von Roman zu
Roman als Mediziner, Orientalisten, Religionswis-
senschafler, Ägyptologen, Musiktheoretiker und dergleichen mehr betrachten. Danach allerdings lege
er das Spezialwissen schnell wieder ab und laufe
im »kläglichen Bewußtsein vollständiger Ignoranz
herum«. Doch offenherzig teilte er auch über sich mit,
»ich weiß nur undeutlich, was ich will«, und »man
muß Geduld mit mir haben ...« Drei Eigenschaften
schützten Thomas Mann vor den Unbilden der Welt:
»Durchhaltetrotz, Humor und unbekümmerte Unter-
nehmungslust.« Damit bringt man es bekanntlich
weit.

*

Thomas Mann schrieb Manuskripte mit der Hand. Sehr ordentlich und ziemlich unleserlich. Er charakterisiert die eigene Handschrift als »durch Ausbildung persönlicher Eigentümlichkeiten allmählich schwerer lesbar«. Seine Arbeiten gingen kontinuierlich, aber langsam voran. Anderthalb Seiten waren der durchschnittliche schöpferische Tagesertrag. Zum Schreiben benötigte er unbedingt »ein Dach über dem Kopf« – was man verstehen kann. Am Meer arbeitete Thomas Mann am liebsten. Die »Dach«-Situation gestaltete sich dort schwieriger. Er benutzte dann Strandkorb oder Zelt. Seine schriftstellerischen Arbeiten gründeten auf wohldurchdachten Fundamenten. Die Recherchen betrieb er gewissenhaft und mit unglaublicher Intensität (aber »Wissenschaftler-Qualitäten hatte er nicht«, sagte seine Frau). Thomas Mann konnte sich nicht kurz fassen. Das ist ja kein Nachteil. Manchmal allerdings schon. Auszuarbeitende Reden oder Vorträge oder literarische Beiträge gerieten stets zu lang. Er ließ sie ausufern. Waren für einen Artikel 20 Seiten vorgesehen, so lagen am Ende 120 Seiten auf dem Schreibtisch. Begann eine Idee als »knappe Erzählung«, so blähte sie sich über ein »Romänchen« zum umfangreichen Roman. Der Meisterschreiber erläuterte dieses Phänomen: » ...wenn einmal losgelassen, bin ich nicht zu bändigen«. Da kann man nichts machen.

*

Wogegen Thomas Mann etwas einzuwenden hatte, waren Unruhe und Lärm. Und Druckfehler. Sie erbten sich von Auflage zu Auflage fort, klagte er. Es sei ihm nicht gelungen, »Teil der Notdurft« in »Tal der Notdurft« zurückzuführen, ebenso wenig wie »Verbrennungsklötze« in »Verbrennungsplätze«. Entsetzlich! Aber er habe es aufgegeben. Thomas Mann diktierte ungern. Ihm widerstrebten Borgen und Schuldenmachen, er sähe sich dazu psychisch außerstande, ließ er wissen. Und im Inneren hegte er eine tiefe Abneigung gegen die Dummheit. Mit der man sich aber wohl oder übel einrichten muß.

*

Herr Thomas Mann besaß erstaunlich viele Vorlieben. Danach muß er ein Genußmensch gewesen sein. Es bleibt nur, sie aufzuzählen, ohne dabei Vollständigkeit zu erwarten: »Old Goethe«, der ihn fest im Griffe hatte, Hunde, Richard Wagner, Theater- und Kinobesuche (die Verfilmung von *Königliche Hoheit* sah er sich dreimal an), Naturschwämme, heiße Schokolade, Gedichte auswendiglernen (er beherrschte an die dreihundert Stück, die er bei passender Gelegenheit, ohne lange Aufforderung, von sich gab). Er schätzte geschmackvolle Kleidung, war aber auf diskrete Beratung angewiesen, da er Blau und Grün nicht unterscheiden konnte; des weiteren Münchner dunkles Bier, Reisen (als Land bevorzugte er die Eidgenossenschaft), Musik, Marzipan von Niederegger aus Lübeck, den Frühsommer, ein Glas Vermouth, ein Gläschen Liqueur (Marke »Vieille Cure«), Kaviar, Gänseleber, Festefeiern und edle Tabakwaren (Tagesverbrauch: etwa zwölf Zigaretten und zwei leichte Zigarren). Er liebte das Meer – Berge nicht so sehr.

*

Zu Thomas Manns Eigenheiten darf man ein »angeborenes Bedürfnis nach Eleganz« rechnen; auch den Sinn für Humor, insonderheit für die bewußte Heiterkeit von der höheren Qualität. Ein Hang zur Mystik ist nicht zu übersehen, worin die Zahl »7« eine Rolle spielt. Er pfiff harmonisch und sauber im Ton und neigte zum Repräsentieren ...

Alles in allem sollte man aber die vorstehenden Erhebungen nicht zu ernst nehmen.

Lebensdaten und Werke (Auswahl)

1875   6. Juni – Paul Thomas Mann wird in Lübeck geboren. Die Eltern: Senator Thomas Johann Heinrich Mann; Julia, geborene da Silva-Bruhns.

1882-1893   Schulbesuch in Lübeck. Erste literarische Versuche. Mitherausgeber einer Schülerzeitschrift *Der Frühlingssturm*.

1891   Tod des Vaters.

1892   Übersiedelung der Mutter mit den drei jüngeren Geschwistern nach München.

1893   Thomas Mann beendet die Schule (Obersekunda). Übersiedelung nach München.

1894-1895   Volontär in der Süddeutschen Feuerversicherungsbank. Gasthörer an der Technischen Hochschule München. Erscheinen der ersten Novelle *Gefallen*. Beiträge für eine von Heinrich Mann herausgegebene Zeitschrift (»Das zwanzigste Jahrhundert«).

1896-1896   Aufenthalt in Italien. *Der kleine Herr Friedemann; Der Bajazzo* u. a. (Novellen).

1898   Lektor des »Simplicissimus«. Erster Novellenband *Der kleine Herr Friedemann*.

1900   Militärdienst im Kgl.-Bayerischen Infanterie-Leibregiment.

1901   Die *Buddenbrooks* (Roman) erscheinen im Verlag von Samuel Fischer.

1903   Novellenband *Tristan* (enthält u. a. *Tonio Kröger; Das Wunderkind*).

Holland. Ferien mit Gerhart Hauptmann auf der Ostseeinsel Hiddensee. *Der Zauberberg* (Roman).

1926 Verleihung des Professoren-Titels durch den Lübecker Senat. Berufung in die Sektion Dichtkunst der Preußischen Akademie der Künste Berlin. *Pariser Rechenschaft* (Tagebuch).

1927 Freitod der Schwester Julia Löhr, geborene Mann. Aufenthalt in Warschau.

1929 Verleihung des Nobelpreises für Literatur.

1930 Sommerhaus in Nidden (Kurische Nehrung). Reisen nach Ägypten und Palästina. *Mario und der Zauberer* (Novelle); *Lebensabriß; Die Forderung des Tages*(Reden und Aufsätze aus den Jahren 1925-1929)

1932 Aufsätze und Reden zum Goethejahr (100. Todestag von Goethe). *Goethe als Repräsentant des bürgerlichen Zeitalters* (Rede) u.a.

1933 Vortragsreise nach Amsterdam, Paris, Brüssel. Emigration. Zuerst nach Sanary-sur-Mer (Südfrankreich), dann nach Küsnacht (Schweiz); Aufenthalt bis 1938; dort wohnhaft Schiedhaldenstraße 33. *Die Geschichten Jaakobs* (Bd. 1 der Tetralogie *Joseph und seine Brüder*).

1934 Erste Reise in die USA. *Der junge Joseph* (Bd. 2 der Tetralogie *Joseph und seine Brüder*).

1935 Zweite Reise in die USA. Gast des Präsidenten Franklin D. Roosevelt. Verleihung der Ehrendoktorwürde der Harvard University.

1936 Aberkennung der deutschen Staatsbürgerschaft. Aberkennung der Ehrendoktorwürde der Universität Bonn. Erhalt der tschechischen Staatsbürgerschaft. *Joseph in Ägypten* (Bd. 3 der Tetralogie *Joseph und seine Brüder*); *Freud und die Zukunft* (Essay).

1937 Dritte Reise in die USA.

1938 Vierte Reise in die USA und Übersiedelung. Gastprofessur in Princeton (New Jersey). Dort wohnhaft 65 Stockton Street. *Dieser Friede* (Essay); *Vom kommenden Sieg der Demokratie* (Essay).

1939 Letzte Europareise vor dem 2. Weltkrieg. Verleihung der Ehrendoktorwürde der Princeton University. *Lotte in Weimar* (Roman). *Das Problem der Freiheit* (Essay).

1940 *Deutsche Hörer!* (Monatliche Radiosendungen). *Dieser Krieg* (Essay).

1941 Umzug nach Kalifornien. Hausbau.

1942 Einzug in das neue Haus Pacific Palisades, 1550 San Remo Drive.

1943 *Joseph der Ernährer* (Bd. 4 der Tetralogie *Joseph und seine Brüder*). Beginn der Arbeit am *Doktor Faustus. Das Gesetz* (Novelle).

1944 Erhalt der amerikanischen Staatsbürgerschaft.

1945 *Adel des Geistes* (Essays).

1946   Lungenoperation in Chicago. *Leiden an Deutschland* (Tagebuchblätter aus den Jahren 1933 und 1934).

1947   Erste Europareise nach dem Kriegsende. *Doktor Faustus* (Roman). *Deutschland und die Deutschen* (Reden).

1949   Erste Reise nach Deutschland. Tod des Bruders Viktor Mann. Freitod des Sohnes Klaus Mann. Ansprachen zum Goethejahr (200. Geburtstag von Goethe) in Frankfurt a.M. und Weimar. *Goethe und die Demokratie* (Essay). Goethe-Preis der Stadt Frankfurt a.M.; Nationalpreis der DDR; Ehrenbürgerschaft der Stadt Weimar. Ehrendoktorwürden der Universitäten Lund und Oxford.

1950   Tod des Bruders Heinrich Mann. *Meine Zeit* (Rede).

1951   *Der Erwählte* (Roman).

1952   Rückkehr nach Europa. Wohnsitz in Erlenbach (bei Zürich). Offizierskreuz der Ehrenlegion.

1953   Ehrendoktorwürde der Universität Cambridge. *Die Betrogene* (Novelle); *Altes und Neues* (Kleine Prosa aus fünf Jahrzehnten).

1954   Hauserwerb in Kilchberg (bei Zürich), Alte Landstraße 39. *Bekenntnisse des Hochstaplers Felix Krull* (Roman).

1955   Ansprachen zum Schillerjahr (150. Todestag

von Schiller) in Stuttgart und Weimar. *Versuch über Schiller* (Essay). Ehrenbürgerschaft der Stadt Lübeck. Ehrendoktorwürde der Universität Jena. Ordenskreuz von Oranje-Nassau. Orden Pour le mérite, Friedensklasse. Reise nach Holland. Erkrankung in Noordwijk aan Zee. Thomas Mann verstirbt am 12. August im Kantonsspital in Zürich.

Dittmann, Britta und Grusnick, Dorothea: Die Manns – Eine Schriftstellerfamilie. Katalogheft zur Ausstellung im Buddenbrookhaus Lübeck, Lübeck 2000

Jüngling, Kirsten und Roßbeck, Brigitte: Katia Mann. Die Frau des Zauberers. List Taschenbuch, Berlin 2004

Mann, Erika: Mein Vater, der Zauberer. Rowohlt Taschenbuch Verlag GmbH, Reinbek bei Hamburg 1998

Mann, Golo: Erinnerungen und Gedanken. Eine Jugend in Deutschland. S. Fischer Verlag, Frankfurt am Main 1986

Mann, Katia: Meine ungeschriebenen Memoiren. Fischer Taschenbuch Verlag, Frankfurt am Main 2004

Mann, Klaus: Der Wendepunkt. Ein Lebensbericht. Aufbau-Verlag, Berlin und Weimar 1974

Mann, Michael: Das Thomas Mann-Buch. Fischer Bücherei KG, Frankfurt am Main und Hamburg 1965

Mann, Thomas: Briefe – Bde. 1 und 2; S. Fischer Verlag, Frankfurt am Main 1961, 1963. Briefe – Bd. 3; Aufbau-Verlag, Berlin und Weimar 1968

Mann, Thomas: Reden und Aufsätze I, in: Gesammelte Werke Bd. XI. Fischer Taschenbuch Verlag, Frankfurt am Main 1990

Mann, Thomas: Autobiographisches, in: Ges. Werke Bd. XII. Aufbau Verlag, Berlin und Weimar 1965

Mann, Viktor: Wir waren fünf. Bildnis der Familie Mann. Fischer Taschenbuch Verlag, Frankfurt am Main 2002

Middell, Eike: Thomas Mann. Eine Biografie. Verlag Philipp Reclam jun., RUB Bd. 268, Leipzig 1966

Inhalt

ISBN 3-359-01310-7

© 2005 Eulenspiegel · Das Neue Berlin Verlags-
gesellschaft mbH & Co. KG
Rosa-Luxemburg-Str. 39, 10178 Berlin
Buchgestaltung: Matthias Gubig, unter Verwendung
eines Fotos von Florence Homolka, Thomas-Mann-Archiv
© Keystone, Switzerland
Druck und Bindung: Salzland Druck, Staßfurt

Die Bücher des Eulenspiegel Verlags
erscheinen in der Eulenspiegel Verlagsgruppe.

www.eulenspiegel-verlag.de